新视野·文化遗产保护论丛

文化遗产保护安全保障

单霁翔 著

天津大学出版社
TIANJIN UNIVERSITY PRESS

图书在版编目（CIP）数据

文化遗产保护安全保障 / 单霁翔著 .—天津：天津大学出版社，2017.2（2024. 5 重印）
（新视野 · 文化遗产保护论丛 . 第二辑）
ISBN 978-7-5618-5774-8

Ⅰ . ①文… Ⅱ . ①单… Ⅲ . ①文化遗产—保护—中国—文集 Ⅳ . ① G122-53

中国版本图书馆 CIP 数据核字（2017）第 038025 号

策划编辑 金　磊　韩振平
责任编辑 常　红
装帧设计 谷英卉

出版发行 天津大学出版社
地　　址 天津市卫津路 92 号天津大学内（邮编：300072）
电　　话 发行部：022-27403647
网　　址 publish.tju.edu.cn
印　　刷 永清县晔盛亚胶印有限公司
经　　销 全国各地新华书店
开　　本 148mm × 210 ㎜
印　　张 8.125
字　　数 238 千
版　　次 2017 年 2 月第 1 版
印　　次 2024 年 5 月第 2 次
定　　价 58.00 元

自序：把工作当学问做 把问题当课题解

“新视野·文化遗产保护论丛”出版在即，出版社嘱我写一个自序。心怀往昔，愿以时间为轴写出自己简短的感言，希望聚焦有启迪意义的文化历程，也希望表达充满真情实感的“乡愁”。

2011年8月25日清晨接到通知，我将要离开工作近10年的国家文物局，到故宫博物院工作。消息突然，没有精神准备。记得当天上午工作日程是在中国文化遗产研究院做专题报告。一路上，10年来的工作情景在脑海中闪过，想到在走向新的岗位之前，应该对以往工作进行回顾，负责任地进行工作交接，于是到会场后便放弃了已经准备好的多媒体演示内容，改为讲述参与中国文化遗产保护的体会，将近两个小时的畅谈，仍感意犹未尽，充满着回望与寻觅的思绪。

如今看来，当年的工作状态可谓“不堪回首”。就在接到通知那天之前的一周内，还经历了“南征北战”的过程：8月18日在吉林长春为市、县政府领导培训班做文化遗产保护报告；8月20日在西藏拉萨参加中国西藏文化论坛；8月21日在四川雅安参加茶马古道保护研讨会；8月23日和24日在福建福州分别参加全国生态博物馆、涉台文物保护总体规划评审，国家水下文化遗产保护中心福建基地启动，三坊七巷社区博物馆揭牌等活动。

一周数省，这就是当年常态化的工作状况。是什么力量支撑着自己一路前行？除了文物人“敢于担当、乐于奉献”的情结外，恐怕最主要的就是“把工作当学问做、把问题当课题解”的工作方法。不断出现的问题、不断凸现的矛盾和不断涌现的挑战，将时间撕裂成一块块“碎片”，甚至一天之内要进行几次“脑筋急转弯”。如果不能针对闪过的想法及时停下来思考、面对发现的问题及时静下来反思，就会陷于疲于应付、不堪重负的境地。城乡建设大规模展开的时期，必然是文化遗产保护最紧迫、最关键的历史阶段。只有“把工作当学问做、把问题当课题解”，才能在复杂的情况下，夯实基础，居安思危，防患未然；在困难的情况下，深思熟虑，心中有数，底气十足；在紧急的情况下，头脑清醒，敢于直面，坚守底线。

“把工作当学问做、把问题当课题解”的工作方法，需要持之以恒，读书、思考、写作、归纳，早已成为每天的必修课。无论是在考察途中的汽车里，还是在往返的飞机上，抑或是在家中的书桌前，以电脑为伴，将考察的感想、调研的体会、阅读的心得及时记录下来。正是因为这一次次的梳理思绪、深化认识，长期下来，居然积攒下上千万字的记录，包括论文、报告、访谈、提案，林林总总，其中既有“一吐为快”的真实感受，也有“深思熟虑”的肺腑之言，还有“临阵磨枪”的即席表达。将它们汇集起来，既是一个时期实践经验的点滴记载，也是一个时代文化遗产事业的综合纪实，还是一个文化遗产保护工作者不息生命的心灵写作。面对这些海量且繁杂的“原生态”记录，早已萌生出按照内容进行分类归纳的愿望。所幸天津大学出版社伸出援手，以“新视野·文化遗产保护论丛”为名，按照不同内容进行分辑分册，涉及文化遗产保护基础建设、文化遗产保护项目实施和文物博物馆事业发展等诸多方面。

一路走来，吴良镛教授的学术思想始终像一座灯塔照亮我前行的方向。“把工作当学问做、把问题当课题解”，源于吴良镛教授所倡导的“融贯的综合研究”理论框架。就是力图从更广阔的视野、更深入的角度，分析和梳理文化遗产之间的内在联系，探索和建立新的文化遗产类型和相应的保护方式，使制约文化遗产事业发展的重点、难点和瓶颈问题不断得以有效解决。实践证明：文化遗产保护、城市文化建设、博物馆发展，在方法上、尺度上、内容上虽然各有不同，但是三者有着共同的研究对象，三位一体进行“融贯的综合研究”，则可以呈现出中国特色文化遗产保护的新视野。

从1984年进入城市规划部门以来已经30余载，从1994年进入文物系统以来也已经20余年，其间有不少令人难忘的回忆。有幸在职业生涯的最后一站，来到故宫博物院，一方面继续享受紧张工作带来的压力和挑战，另一方面得以将几十年来积累的体会应用于具体实践。今天，更为突出的感受是，只有“把工作当学问做、把问题当课题解”，且加强全程管理，才能使每一项工作都与细节管理挂起钩来，把桩桩件件事情都做得细之又细，才能获得持续发展的后劲。

北京时间2014年6月22日15时19分，从卡塔尔首都多哈传来喜讯，在第38届世界遗产委员会会议上，中国大运河被列入《世界遗产名录》。30分钟后，跨国联合申报的“丝绸之路：长安—天山廊道的路网”也顺利通过评审。作为大运河和丝绸之路保护与申报的参与者和见证者，我格外激动和自豪。2015年5月5日，从文化遗产保护现场又传来好消息，世界文化遗产——大足石刻千手观音造像抢救性保护修复工程竣工，看到“前方”传来修复后的美轮美奂的千手观音造像影像，我激动不已。回想2008年“5·12汶川大地震”后的第8天，我们从四川地震重灾区赶到重庆大足，看望已经800岁高龄的千手观音造像，看到早已满目疮痍的文物本体又被地震殃及，当即决定开展抢救保护工作，将其列为石窟类保护的“一号工程”，如今千手观音造像再现“慈祥的微笑”，得以功德圆满。的确，每当昔日的努力成就今日的收获，都是文化遗产保护工作者最幸福的时刻。

2006年6月10日，我们曾以无比喜悦的心情迎来了中国第一个“文化遗产日”。10年的奋争，10年的坚守，10年的耕耘，10年的收获。再过半个多月，我们又将以无限期待的心情，迎来中国第十个“文化遗产日”。谨以“新视野·文化遗产保护论丛”献给这一节日，献给长期以来用智慧和汗水呵护文化遗产的文博同人，祝愿祖国的文化遗产永葆尊严；献给长期以来用真情和热心关注文化遗产的社会民众，祝中华文化遗产事业蓬勃发展。

2015年5月25日

目录

在全国文物安全工作会议上的报告

（2003年10月25日）

今天，国家文物局和公安部联合召开全国文物安全工作会议，会议主题是：认真学习贯彻“保护为主、抢救第一、合理利用、加强管理”的文物工作方针，交流探讨新时期加强文物安全防范和行政执法工作的经验和思路。这次会议是新修订的《中华人民共和国文物保护法》（以下简称《文物保护法》）颁布以来的第一次全国文物安全工作会议。我们还荣幸地邀请到海关总署、国家工商总局、国家宗教事务局等单位的有关领导参加。

文物安全工作是文物工作的生命线，没有文物安全保障，其他工作将一事无成。在改革开放的新形势下，文物安全工作面临许多新问题、新情况，文物安全形势仍很严峻。这次会议将向各位代表通报近年来全国文物安全形势和违反《文物保护法》的有关典型行政违法案件，交流各地加强文物安全和行政执法工作、打击文物犯罪工作的经验，进一步探索新时期加强文物安全保护和行政执法、打击文物犯罪工作的新思路。下面，我谈几点意见。

一、五年来文物安全工作的回顾

在“保护为主、抢救第一、合理利用、加强管理”的文物工作方针指导下，在各级政府的重视下，在公安、海关、工商等部门的大力配合下，经过文物博物馆系统广大职工的共同努力，文物安全工作得到了进一步加强，文物保护单位加快了消防基础设施建设速度，博物馆的人防、物防、技防条件逐步得到了改善和加强，馆藏文物被盗案件数量逐年下降，文物安全工作取得了一定的成绩。

总结各地文物安全工作的经验，主要有以下几条。

（一）各地大力宣传《文物保护法》取得了显著成效

新修订的《文物保护法》及《文物保护法实施条例》颁布以来，各地采取不同形式进行了深入学习和宣传。通过宣传，各级政府对文物保护工作更加重视，并将此项工作提到政府的重要议事日程；各级领导和广大民众的文物保护意识也得到增强，逐步形成“保护文物、人人有责”的良好社会风尚。今年2月16日，一伙盗墓分子拟盗掘陕西省西安市雁塔区马腾空粮库内的古墓，由于当地民众及时举报，在当地公安机关的精心组织和布控下，当场抓获正在盗掘古墓的8名犯罪分子。国家文物局及各地文物部门每年都收到大量关于盗窃文物、盗掘古墓葬、倒卖文物和破坏文物保护单位，或者在文物保护单位范围内非法建设等违法、违章事件的举报。这些都说明，群众性的文物保护意识已蔚然兴起。

（二）文物安全工作得到各级领导的高度重视

领导重视是做好文物安全工作的重要保证。近年来，面对文物安全的严峻形势，各级领导把文物安全工作提到重要议事日程，许多省、市领导亲自检查指导文物安全工作。如北京市政府主管文物工作的领导与各区县领导签订了文物安全责任书；陕西、河南省政府主管文物工作的领导经常深入基层检查文物安全工作，对文物安全工作提出了具体意见和明确要求。实践证明，只要哪个地区、哪个部门领导对文物安全工作从思想上重视，工作上支持，物力、财力上给予保证，文物安全工作就搞得好，文物违法犯罪活动就能够得到有效遏制。

（三）各级公安、海关、工商等部门对文物安全工作更加重视

各级公安、海关、工商等部门每年都破获一大批盗窃或走私文物、盗掘古墓葬及非法倒卖文物案件，为保护我国文化遗产做出了重大的贡献。1994 年 6 月 20 日，河北省曲阳县五代王处直墓中的石雕被盗后，即经中国香港走私到美国。2000 年 2 月，国家文物局得知美国克里斯蒂拍卖行拟于 3 月 21 日在纽约对其进行拍卖的消息后，即商请公安部与国家文物局通过外交、国际刑警组织途径交涉，并通过美国法律程序争取到美方于2001年4月将该批文物交还我方。长期以来，各级公安、海关、工商等部门不辞劳苦，甚至冒着生命危险与盗窃、走私、倒卖文物的犯罪分子进行不懈的斗争，有力地打击了文物犯罪分子的嚣张气焰，给国家挽回了巨大损失，为保护国家文物做出了自己的贡献。事实说明，公安、海关、工商等执法部门的高度重视和强有力的措施是文物安全工作的基本保障。

（四）加强保卫机构建设，健全规章制度，加大执法力度

加强保卫机构的建设是做好文物安全工作的组织保证。新修订的《文物保护法》为文物安全工作的开展提供了更加有力的法律保障。各级政府及相关职能部门加强了依法行政的力度，在充分发挥文物行政部门执法作用的同时，探索建立了不同形式的文物执法队伍，依法处理违反法律、违背文物工作规律、造成文物破坏的行为。稳步推进文物系统博物馆风险等级达标工作，文物安全保卫工作得到了进一步加强。近年来，各文物博物馆单位基本建立了相应的保卫机构，设置了专职保卫人员，保卫力量逐步加强。过去我们曾经提出过博物馆保卫人员比例应达到职工总人数的 10% 以上，根据目前文物安全的严峻形势，这个比例并不高，按照这一要求，目前绝大部分博物馆的安全工作在组织上有了基本保障。

健全规章制度和严格执行各项规章制度是保证文物安全的重要环节。各文物博物馆单位在实践中总结制定出了行之有效的安全制度和措施，并不断加以补充完善，在促进文物安全工作中发挥了重要作用。如北京、天津、山西、陕西、河南省（市）文物局对本地区文物安全制度进行归纳总结,统一修改制定了文物安全规章汇编，并下发到每一个文物博物馆单位，使文物安全制度更加规范化。事实证明，只要我们的制度健全、工作到位，并持之以恒地执行，文物安全就有保障。

（五）加强安全技术防范设施的建设

随着科学技术的发展，现代化的监控报警系统已进入文物安全防范领域。1992 年，国家文物局和公安部制定了《文物系统博物馆风险等级和安全防护级别的规定》，使文物系统技术防范走上了规范化、法制化的轨道。根据风险等级规定，国家文物局与公安部共审定了三批共计 1371 处一级风险单位。近年来，国家文物局与公安部狠抓落实风险等级达标工作。据国家文物局调查，第一、二批 100 个一级风险单位有近 70% 的单位已达标，二、三级风险单位有 40% 的单位已达标，文物安全防范措施和科技手段得到明显的改善和加强。2001 年 3 月 31 日，一盗窃分子以观众身份到陕西省三原县博物馆购票参观后，潜入展厅藏匿，晚 10 时左右，拟盗窃文物时，报警器及时报警，犯罪分子被值班人员当场抓获。2001 年 11 月 4 日，一盗窃分子窜入北京市白塔寺文物保护管理所行窃时，也是由于报警器及时报警，被值班人员当场抓获。近年来，全国文物系统由于报警器的作用，当场抓获盗窃分子，或使盗窃未能得逞的案例有 30

多起，说明安全技术防范工作已在打击文物犯罪工作中发挥了重要作用。

二、文物安全工作面临的形势和任务

在充分肯定文物安全工作取得成绩的同时，我们也应清醒地看到，犯罪分子受经济利益的驱动，不择手段，铤而走险，不惜损害国家和民族的利益，猖狂地进行文物犯罪活动，盗窃文物、盗掘古墓葬的情况仍然存在；有的地方在基本建设特别是城市改造中，破坏历史文化遗迹、毁坏文物建筑的违法事件还时有发生，文物安全形势相当严峻、不容乐观。

北京梁思成林徽因故居

根据近年来各地上报的文物案件分析，文物安全工作主要有以下特点。

（一）馆藏文物安全形势依然严峻，文物系统内部人员盗窃、倒卖馆藏文物案件突出

近年来，馆藏文物被盗情况虽然有所好转，但是只要我们的安全工作稍有疏忽，犯罪分子就会趁机作案。据各地上报的文物案件统计，1998 年至 2002 年全国发生文物被盗案件 199 起（不含盗掘古墓、倒卖文物和走私文物案件），丢失文物 2029 件，有的案件还呈现出丢失数量多、级别高的特点。2002 年 4 月 18 日，甘肃省古浪县博物馆文物库房被盗，丢失文物 79 件，其中二级文物 3 件、三级文物 50 件。

近年来，文物单位由于自身管理存在漏洞或制度不完善等问题，出现文物单位内部人员监守自盗或内外勾结盗窃文物的案件。据统计，自 1998 年以来，文物系统内部发生 8 起盗窃、倒卖馆藏文物案件，涉案文物达 268 件。河北省承德市外八庙文物管理处原保管部主任李海涛，在 1990 年至 2002 年 11 月的 12 年时间里，利用职务之便，盗窃、贩卖国家珍贵文物 158 件。其作案持续时间之长、盗窃文物数量之多是历史上罕见的，性质十分恶劣，给我们的教训也十分深刻。

（二）石刻造像、寺庙文物被盗案件仍很突出，暴力案件时有发生

自 1996 年以来，全国石刻造像、寺庙文物被盗案件比较突出。由于馆藏文物从人防、物防、技防方面加强了防范，盗窃馆藏文物难度大，犯罪分子不易下手，而石刻造像大部分分布在田野、山区，点多、面广、分散，人防、物防条件差，又不具备技防条件，是文物安全工作的薄弱部位，又是犯罪分子盗窃的对象。有些寺庙文物防范条件较差，“四有”工作未落实，无人看管。所以犯罪分子将石刻造像、寺庙文物作为盗窃的重要目标。自 1996 年以来，全国石刻造像、寺庙文物被盗案件有 252 起，占发案总数的 67.7%。

文物暴力犯罪案件时有发生。自 1996 年以来，发生捆绑、殴打值班人员盗窃文物的案件 56 起，有 4 名保卫人员被犯罪分子杀害，2 名被打伤致残。2002 年 7 月 28 日上午 11 时至 12 时，一伙歹徒以观众身份进入新疆伊犁哈萨克自治州博物馆，在光天化日之下用消防器打死值班人员，抢走文物 8 件，犯罪性质之恶劣，令人愤慨。2003 年 7 月 16 日晚 11 时，几名盗窃分子窜入山西省忻州市繁峙县全国重点文物保护单位岩山寺，将警犬打死，把两名文物保护员捆绑，并用胶布把嘴封住，抢走 3 尊金代泥塑佛像，气焰十分嚣张。

（三）盗掘古墓葬犯罪活动屡禁不止

在文物走私活动的暴利驱使下，少数不法之徒不惜铤而走险，野蛮疯狂地盗掘古墓葬，有些地方出现了长期从事盗墓活动的“专业户”。大部分盗墓分子是团伙作案、流动作案，他们使用现代化的交通、通信工具，采取爆炸的方式进行盗墓活动，使一大批具有珍贵历史价值的古墓葬惨遭浩劫。近年来，河北、山西、内蒙古、辽宁、吉林、黑龙江、河南、湖北、江西、青海、新疆、陕西等十几个省（区）均发生过盗掘古墓葬案件，尤其是湖北荆州、江西景德镇、青海都兰、新疆楼兰等地的古墓葬遭到长时间、大规模的盗掘。

2001 年 4 月 29 日，河南省三门峡市公安部门破获了一起特大盗掘古墓案件。一伙犯罪分子自 2000 年下半年起，在三门峡湖滨车站租用水电站闲置库房，以存放化肥为名义，用近一年的时间，向全国重点文物保护单位虢国墓地打了一条长 400 米、高 1.2 米、宽 0.7 米的地道，盗掘了三座古墓。据犯罪分子交代，共盗掘文物千余件。经过当地公安部门努力，此案已经侦破，抓获 20 名犯罪分子，缴获文物 178 件。

1998 年以来，盗墓分子借旧城改造之际，租用民房和店铺，雇用一些民工，对江西省景德镇“御窑厂遗址”进行盗掘犯罪活动，致使御窑厂遗址遭到严重破坏，甚至在市政府办公楼下进行盗掘，致使市政府办公楼变成危房。经当地公安部门进行专项打击，抓获犯罪嫌疑人 61 人，缴获古瓷修复件 150 件、散片古瓷件 53 箱、散片瓷 111 箱。

此外，新疆罗布地区营盘、楼兰古城、米兰古城等全国重点文物保护单位被盗掘情况也相当严重，一些古墓被挖成几米深的大坑，棺板被拆得七零八落，尸骨散落墓旁路边，惨不忍睹。当地公安和文物部门虽然进行过多次打击，但是盗掘分子的嚣张气焰仍未得到有效遏制。

（四）违反《文物保护法》、违章事件时有发生

近年来，基本建设与文物保护的矛盾相当突出，各种违反《文物保护法》在文物保护单位的保护范围内违法建设、破坏文物的事件时有发生。2001 年 4 月，四川省乐山东方佛都旅游开发股份有限公司违反《文物保护法》及有关规定，在没有履行审批手续的情况下，擅自在全国重点文物保护单位——麻浩崖墓保护范围内仿造阿富汗已毁“巴米扬大佛”，就是一个典型的案例。一些地方片面追求经济效益，擅自改变文物保护单位的管理体制，将本应由政府实施保护管理的文物保护单位转移到企业开发经营，由于不能正确处理保护和利用的关系，对文物造成不可挽回的损失和恶劣影响。今年 1 月 19 日，世界文化遗产地湖北省武当山遇真宫大殿发生火灾，烧毁建筑面积 236 平方米，引起国内外文物博物馆界和社会各界的广泛关注。

（五）文物博物馆单位、古建筑防火工作任务艰巨

据各地上报的火灾情况统计，自 1998 年以来，文物博物馆单位、古建筑火灾事件有上升的趋势，文物保护单位、博物馆发生火灾 24

起，烧毁大殿 6 座、一般古建筑 110 多间，损毁文物 537 件。火灾的特点是：电气火灾突出，占发生火灾总数的 29.4%；人为纵火大幅度上升，占发生火灾总数的 17%；非文物系统使用管理的文物保护单位火灾较多，占发生火灾总数的 25%。

三、关于进一步做好文物安全工作的几点意见

市场经济体制的建立和完善，给文物安全工作注入了生机和活力。但是我们必须清醒地认识到，文物安全工作仍然面临着不容忽视的严峻势态。依法打击各种文物犯罪活动，确保文物安全的工作仍需不断得到加强。各级政府领导和文物系统干部职工要认真学习、严格执行《宪法》和《文物保护法》赋予的职责，研究和切实解决本地区文物工作存在的突出问题，坚决制止各种人为原因造成的文物损毁和破坏行为，把文物受损降到最低程度。

（一）认真落实《文物保护法》，把加强文物行政执法工作作为加强安全工作的新的切入点

新修订的《文物保护法》确定了“保护为主、抢救第一、合理利用、加强管理”的文物工作方针，规定了县级以上文物行政部门的行政执法职责有 7 条 30 项。

文物行政执法工作是文物保护工作中的一项重要工作，是一项长期的任务，各级领导要予以高度重视，常抓不懈。各级文物行政部门要认真贯彻落实《文物保护法》的有关规定，在县级以上文物行政部门建立文物行政执法机构，暂不具备条件的要设立专职文物行政执法人员，承担起《文物保护法》赋予文物行政部门的行政执法责任。国家文物局已向各地下发《关于进一步加强文物行政执法工作的通知》，对文物行政执法机构建设、加大执法力度、落实

执法责任制、规范执法程序、建立健全执法监督机制等提出了明确要求。

根据国家文物局该文件的要求，全国许多省级文物行政部门成立了文物行政执法机构，依法承担行政执法的职责和任务，对擅自在文物保护单位的保护范围内非法进行建设工程或者爆破、钻探、挖掘等作业，擅自修缮、迁移、拆除不可移动文物，擅自改变国有文物保护单位的用途等各类违法行为进行监督、检查和处罚。

为了进一步推动省级文物行政执法专职机构建设，提高执法效率和快速反应能力，国家文物局决定为省级文物行政部门已建立的行政执法机构配备行政执法督察专用车辆，第一批配发的车辆很快就能到位。这里我要强调一点，各级文物行政部门应尽可能对文物执法队伍建设和配置必要的装备给予更多的关心和重视，尽可能予以保障。与此同时，文物行政执法人员应具有良好的政治素质，掌握一定的法律、法规和文物博物馆专业知识。各地应加强对文物行政执法人员进行培训的工作，做到人员持证上岗、办事有法可依。各级文物行政执法部门要建立执法责任制，制定规章制度，明确岗位责任，使文物违法事件做到早发现、早制止、早处理。

（二）严格各项规章制度，提高文物安全意识，坚持依法管理

文物安全工作是各级文物部门和每一个文物工作者的首要职责，一定要做到思想到位、组织到位、制度到位、责任到位。要在全体职工中广泛、持久地进行文物安全教育，强化安全意识，使每一位职工树立文物安全的使命感、危机感和紧迫感，提高广大干部职工自觉关心文物安全的责任心。安全保卫人员更要牢牢掌握法律武器，对犯罪行为要依法严惩，对工作要依法办事，对自己要秉公守法，要用法律的武器保护文物安全，要使文物安全工作走上法制化的轨道。

文物部门在工作实践中制定了一套行之有效的管理制度和措施，这是文物工作多年来积累的经验教训的结晶，是做好文物安全工作的制度保证，要持之以恒，不能放松。同时，也要结合新的形势认真总结，并加以补充完善，使之更加严密。但是有的文物博物馆单位将制度写在纸上、挂在墙上，并没有真正落到实处。有的文物收藏单位藏品档案不健全，不向上级文物行政部门备案；有的单位非保管人员进入文物库房不登记，交接班不检查清点，夜间值班不巡逻检查；个别单位文物丢失以后，长时间没有发现，待发现丢失后，连什么时间丢失的都不知道。这些问题的出现表明，文物安全制度建设应始终做到表里如一、贯彻始终，不能只做表面文章。有了好的制度，还要靠扎实的工作去落实。不落实制度，高枕无忧，马放南山，必然后患无穷，安全工作和规章制度必然形同虚设，这是我们从事这项工作的大忌，绝不能重复地犯这种错误。今后，各级文物主管部门对所属单位藏品建档和备案工作，制度建立和执行制度情况要做一次检查。凡是藏品档案不健全和未按规定向上级文物行政管理部门申报备案的，要限期完成；制度不完善的要完善，有制度执行不严格的要督促改正，要用规章制度来统一思想、规范行动、严明纪律，扎扎实实地做好文物安全工作。

（三）加强安全保卫机构建设，提高安全保卫人员的政治素质和业务素质

建立健全安全保卫机构，是做好文物安全工作的组织保证。近年来，各地文物安全保卫机构建设有所加强，队伍逐步壮大。但是，也有一些单位行政执法没有机构，保卫力量严重不足；有的单位甚至把保卫组织和专职保卫干部撤掉，致使文物安全保卫工作无人抓；

有的单位将老、弱、病、残或从其他岗位下来不适宜做安全保卫工作的人安排在保卫工作岗位上，这种情况和当前文物安全面临的形势与任务极不适应，应迅速纠正。实践证明，凡设立保卫机构或专职保卫人员的单位，安全工作就抓得细，保卫工作就搞得好。反之，未设立保卫机构或专职保卫人员的单位，安全工作抓得就不尽如人意。我们要以贯彻落实《文物保护法》为契机，建立和完善文物安全保卫机构。要造就一支政治性强、业务精通、作风正派、工作负责、勇于奉献、年富力强的执法和安全保卫队伍。保卫人员责任大、任务重、风险高、工作辛苦，而相对待遇较低，尽管如此，他们依然兢兢业业、忠于职守。要重视保卫队伍建设，就要主动、热情地关心他们的生活，为他们解决工作和生活中的实际问题，调动他们的工作积极性，确保这支队伍稳定并具有战斗力。形势的发展，对文物安全保卫人员的业务素质有了更高的要求，提高文物安全保卫人员的业务素质、技术素质迫在眉睫，各级文物行政部门要进一步重视对保卫人员的业务培训，提高他们的业务水平和工作能力，以适应新形势的要求。

（四）加强安全防范基础设施建设，提高防范能力

1. 进一步落实风险等级，提高技术防范能力

“科技创安”已是时代的要求，利用科学技术提高文物系统自身的防范能力，加大文物安全保卫工作的科技含量，是文物安全的重要工作之一。近年来，随着科学技术的发展，技术防范已在文物博物馆单位广泛使用，许多单位都安装了防火、防盗报警控制设备，并已在文物工作中显示出了其特有的功效。

目前，部分省市已经完成了一级风险单位落实风险等级的达标任务，如一级风险单位较多的北京、浙江、河南、陕西、上海等省市，落实风险等级达标工作进展较快。浙江省一、二、三级风险单位已全部完成达标任务。但是也有部分省行动较慢，甚至有的省尚未启动一级风险单位达标工作，二、三级风险单位已达标的单位只占 40%。公安部和国家文物局曾多次下发文件，要求在 2002 年年底完成达标任务，自 2003 年起，没有达标的单位不得展出珍贵文物，没有报警设备的单位不得展出文物；不具备保管条件的单位的珍贵文物，由省级文物行政部门指定具备保管条件的单位代为保管。

各地应于近期内对辖区落实风险等级达标工作进行检查，对不达标单位要限期达标；对拒不执行规定，造成文物被盗、被损的，要追究有关负责人的责任；对非文物部门使用和管理文物单位的文物，文物和公安部门也要履行监督、检查的责任。各地要对此项工作进行认真检查，并按公安部和国家文物局的要求做出安排，确保文物安全。

2. 加强消防基础设施建设，确保文物建筑安全

防火工作是文物安全工作的重中之重，各级文物部门应把防火工作作为头等大事来抓，认真学习贯彻《中华人民共和国消防法》和公安部 61 号令，把防火工作纳入重要议事日程，提高广大职工的防火意识，把安全防火工作的重点放在以预防为主上。各单位要健全消防管理机构，加强消防安全管理，完善防火制度，落实逐级防火责任制，切实做到制度到位、措施到位、责任到人。

要加大消防基础设施建设，健全消防设施。凡是使用文物古建筑的部门、单位，要健全避雷、消防、供水设施。古建筑维修时，要把消防设施建设列入维修方案之中。

各单位要加强用火、用电管理，对电气线路进行检查，对年久失修的电气线路要进行改造，防止由于电线老化短路引起火灾事故。

尤其是世界文化遗产地和全国重点文物保护单位，近期要对出租房屋进行清理，凡是承租单位的使用经营性质对文物安全有威胁的，要一律退租；其他出租单位在签订出租合同的同时，也要签订安全合同，明确责任。各级文物部门要加强安全防火检查，及时消除火险隐患，做好防火、防盗、防自然灾害预案，定期进行演练，确保文物建筑的安全。

（五）加强执法力度，严厉打击文物犯罪活动

当前盗窃文物、盗掘古墓葬、走私文物的犯罪活动相当猖獗，各级文物、公安等部门要对当前文物犯罪的严重性有充分的认识，切实加大打击文物犯罪活动的力度。各级文物部门要主动配合公安、海关、工商等部门，打击文物犯罪活动。在盗窃文物、盗掘古墓葬、走私文物较严重的重点地区，要按照《国务院关于加强和改善文物工作的通知》（国发〔1997〕13号）精神，设立专门的公安派出机构，实行警民群防群治，使盗窃文物、盗掘古墓葬、走私文物犯罪得到有效遏制。

这次会议时间短、内容多，希望与会代表集中精力，广泛交流，充分发表意见。我相信，通过大家的集思广益，一定会对今后的文物安全工作产生积极的影响。保护国家文化遗产是历史赋予我们的神圣使命，我们所做的工作意义深远，我们的责任重于泰山。因此，我们要坚持“预防为主、打防并举”的方针，加强防范，严厉打击，切实采取有效措施，把文物安全工作提高到一个新的水平，为保护国家的文化遗产做出我们的贡献。

关于全面推进北京天坛、地坛、日坛、月坛腾退整治工作的提案[①]

（2004 年 3 月）

天坛、地坛、日坛、月坛是我国保存下来的祭祀建筑中比较完整的，也是现存艺术水平最高、最具特色的优秀古代建筑群之一。天坛、地坛、日坛、月坛分别位于古都北京内城之外的南、北、东、西四个方位上，独具特色地反映着北京明清都城建设上的规划理念及全城总体布局的设计思想，具有深厚的历史文化内涵，是北京历史文化名城的重要组成部分。

中华人民共和国成立以来，国家非常重视天坛、地坛、日坛、月坛的保护工作，天坛被公布为第一批全国重点文物保护单位并被申报为世界文化遗产，地坛、日坛、月坛也先后被公布为北京市文物保护单位并逐步启动了整治维修工程。但是，因历史原因，这些文物建筑都先后为大量住户及单位所占用，其保护范围内存在着数量众多的违章建筑，已严重影响到这几组文物建筑的整体保护，破坏了历史坛庙建筑的传统景观，给文物整治维修工作造成了障碍，具体问题如下。

（1）天坛。582 电台占据了天坛外坛西北角，整体占地 4400

① 此文为在全国政协十届二次会议上的提案，联名提案人：樊锦诗 刘庆柱 苏士澍 陈漱渝 王洪华 舒乙 姚珠珠 王巨才 边发吉 夏燕月 李燕 吴雁泽 李致忠 王铁城 杨伟光 马博敏 艾青春 潘震宙 吴祖强 赵汝蘅 高占祥 冯小宁 滕矢初 吴贻弓 潘虹 董良翚 阿拉泰 李谷一 张会军 王馥荔 黄宏 徐庆平 张文彬 冯骥才 陈晓光 姜昆 李双江 陈建功 陈燮阳 李延声。

平方米，设置13组高约50米的天线，严重破坏了天坛整体景观。此外，按照ISO 9001质量管理体系和ISO 14001环境管理体系的考核标准，天线群产生的强大电磁辐射也会对天坛及周围环境产生不良影响。天坛是世界文化遗产，联合国教科文组织世界遗产委员会专家考察天坛时，对建设控制地带范围内破坏世界文化遗产地景观的建筑物、构筑物的存在曾提出质疑，国内部分专家也已对天坛的保护状况多次提出警告。世界遗产委员会在2003年、2004年召开的第27届、第28届委员会做出的决议中，明确要求我国政府努力保护世界文化遗产故宫、天坛、颐和园及周边环境，加强对缓冲区的保护，评估和修订这些世界文化遗产的现行管理计划，以确保长期的综合管理。

（2）地坛。2004年地坛修缮工程已开工。但因斋宫被东城区人才市场占用，方泽轩现作为旅游定点餐厅使用，严重影响了地坛古建筑群的修缮、对外开放展示以及整体环境风貌的保护，地坛外坛墙内至今存在一些违法建设尚未进行整治和拆除。

（3）日坛。日坛公园东北角的日坛网球俱乐部工程无规划建设审批手续，于1997年违法施工，后因资金短缺中途几次停工，现在尚未拆除，环境脏乱差，破坏了日坛文化遗产的真实性和完整性，也严重影响了城市公园的景观风貌和广大市民的合理利用。

（4）月坛。目前月坛修缮及周边环境整治工程虽然已经全面启动，但是月坛古建筑群中最重要的古建筑——拜台仍被中央电视台的180米高的发射塔占据，无法实施修缮，更无法实现对外开放。

2008年，北京将首次承办奥林匹克夏季运动会。妥善保护好北京历史坛庙建筑的传统文化景观，不仅体现了“人文奥运”精神，有利于充分展现古都北京深厚的历史文化内涵，更是光耀千秋、泽被后世的大事。为此，针对目前存在的上述问题，提出以下建议。

（1）将天坛、地坛、日坛、月坛的文物保护及环境整治工作列为北京市文物保护重点项目，采取有力措施整治现状环境，坚决搬迁长期占用文物的机关、企业、饭店、居民等单位和住户，拆除文物保护范围内的各类违法建筑。

（2）按照历史原貌修复被破坏的坛墙，维修坛内现存的各类文物建筑，按历史原有规制恢复完整的坛庙格局，再现天坛、地坛、日坛、月坛的历史景观，扩大对社会的开放范围，使这几组文化遗产在城市文化和市民生活中发挥更大的作用。

（3）在天坛世界文化遗产缓冲区划定后，应当对天坛保护范围和缓冲区内传统建筑保存状况进行全面调查评估，并对该区域内影响天坛环境景观的各类建筑物制定切实可行的整治、拆迁计划。

关于加强打击文物盗掘、走私工作力度的提案[①]

（2005 年 3 月）

20 世纪 80 年代以来，国家制定了《文物保护法》，签署加入了联合国教科文组织《保护世界文化和自然遗产公约》《关于禁止和防止非法进出口文化财产和非法转让其所有权的方法的公约》，各级政府以及公安、海关、工商、文物等部门依法加大了打击文物盗窃、盗掘、走私的力度。特别是 2002 年《文物保护法》的修订颁布，进一步明确了人民法院、人民检察院、公安机关、海关和工商行政管理部门以及县级以上人民政府文物主管部门各自的职责，促进了此项工作，取得了显著成绩。如：国家工商行政管理部门积极支持文物部门，依法开展了文物拍卖资质和拍卖标的审核工作，进一步规范了文物拍卖市场；公安部门开展了一系列打击文物犯罪的斗争，仅安徽省公安部门前不久结案的“3·25”特大盗掘、倒卖、走私文物案就破获刑事案件 43 起，抓获各类涉案犯罪嫌疑人 37 名，追缴文物 400 多件并全部移交当地文物部门；海关在各地文物部门及文物出境鉴定站的配合下，严格把关，查扣了大量依法禁止出境的文物，并移交当地文物部门；国家文物部门在国务院法制办等有关部门支

① 此文为在全国政协十届三次会议上的提案，联名提案人：樊锦诗　刘庆柱　苏士澍　王洪华　舒乙　姚珠珠　王巨才　边发吉　夏燕月　李燕　吴雁泽　李致忠　王铁城　杨伟光　马博敏　艾青春　潘震宙　张贤亮　吴祖强　赵汝蘅　冯小宁　高占祥　滕矢初　吴贻弓　潘虹　董良翚　敖德木勒　阿拉泰　李谷一　张会军　王馥荔　黄宏　徐庆平　张文彬　冯骥才　陈晓光　李双江　姜昆　陈建功　陈燮阳。

持下，正在抓紧修订、完善文物流通领域和文物出境管理方面的法规，在财政部的支持下，利用信息化手段开展了文物调查及数据库管理工作、馆藏文物损失调查工作、文物藏品建档基础工作、馆藏文物安全保卫工作，启动了以抢救古遗址、古墓葬为主的大遗址保护专项工作。

在开展上述工作的同时，不应忽视存在的严重问题。目前，文物流通领域出现的空前繁荣，有积极的一面，但由于眼前利益的驱动，非法交易文物的活动仍然频繁发生、大量存在，成为盗掘、走私文物的主要流通渠道，甚至形成了盗掘、非法经营、走私“一条龙”模式。许多地方不断批准建设的各类旧货市场、艺术品市场缺乏监管，致使这些市场内或明或暗地从事文物交易活动，只顾旅游开发，而不顾文物保护；只想以此振兴当地经济，而不顾周边盗掘盛行；甚至将其视作农民脱贫致富的手段。

上述情况，导致了文物的大量外流与损失。海关查私工作面临困难，快递邮件、大型集装箱等通关渠道，使出境物品查验的工作量和压力增大，实现文物出境监管和稽查走私更为艰难，能够查扣的走私文物只占较小比例。公安部门对此打不胜打、防不胜防，盗掘古遗址、古墓葬，盗窃馆藏文物、寺庙文物的犯罪活动仍十分猖獗，甚至采用现代化、集团化、暴力化手段，造成人身伤亡。非法交易活动，还造成大量古遗址、古墓葬、石窟寺、历史建筑及其出土文物、附属文物的损毁，其损失在某种程度上不亚于盲目开发建设所致破坏。

我国文物是中华民族历史文化遗产的重要组成部分，丰富多彩，包罗万象。文物保护是国家法律、国际公约所规定的政府职责、公民义务。各级人民政府及有关部门应加强大局意识、责任意识和忧患意识，高度重视解决非法交易及其导致的文物流失问题，做到既发挥文物对弘扬优良文化传统、丰富群众精神生活的重要作用，又能确保文物安全，促进文物保护事业全面健康发展。文物具有不可再生性、民族性和公共性，就其本质和整体而言，不是一般商品。即使部分可以进入流通领域，但因涉及不可移动文物的整体保存，涉及民族、公共权益的优先保障，也应属于特殊商品，应给予正确谨慎的对待和特殊的管理。同时，由于加强打击文物盗掘、走私工作是一项综合性的工作，涉及公安、海关、工商、文物以及法院、检察院等多个部门，必须有各方面的大力支持与合作，方能保证打击工作的力度和顺利进行。因此，为进一步防止文物损失与外流，必须由有关部门形成整体合力，从源头上予以综合整治，共同加强流通领域管理，具体建议如下。

（1）建议由政法委牵头，会同有关部门加大社会治安综合治理的力度。要研究制定规划，建立联动机制，开展打击文物非法交易和盗掘、走私等违法犯罪活动的专项斗争；要坚决惩处和取缔违法违规经营文物的行为和场所及活动，依法加强对旧货市场管理，严格控制盲目建设。

（2）落实国际公约关于建立公私重要文化财产清单的规定，提请全国人大考虑对现行法规做出补充规定，明确对民间保存的重要文物进行登记建档，并建立比较完善的转让制度，使国家及有关部门负起全面保护文物的责任，同时为合法的文物流通奠定基础。

关于在南水北调工程中重视文物保护的建议案

（2005年7月12日·山西临汾）

今天，山西省政府、省文物局、临汾市的有关领导和国家文物局文物行政执法督察组的同事们一起来到了临汾古城墙被损毁案件的现场，文物古迹遭到破坏的状况令人十分痛心！文物是我们共同拥有的历史文化遗产，破坏文物不仅是缺乏文化修养和道德的表现，更是对人类文明的蔑视和野蛮摧残。对这起既恶劣又典型的破坏文化遗产案件，必须依法严肃查处。

临汾古城墙历史悠久，不仅对研究临汾城市历史具有重要意义，而且这一重要文化遗产凝聚着先民们的智慧和血汗，蕴含着历史城市绵延不绝的文脉，是临汾古城民众的荣耀和不应磨灭的历史沧桑的记忆，是全体民众的共同财富，更是临汾市建设先进文化、丰富广大民众文化生活、构建和谐社会、实现可持续发展的宝贵资源。全社会都有责任将其妥善保护、流传后世，使之成为“子子孙孙永葆用”的宝贵遗产。为此，2004年5月临汾市政府将临汾古城墙公布为第一批市级文物保护单位，并决定以古城墙为依托，规划近300亩地来建设遗址公园。

在此次违法案件中，原民康制药厂职工住宅楼的建设单位和施工单位未经省、市文物行政部门同意，擅自在古城墙保护范围内施工，破坏城墙一百多米，毁坏了古城墙现存唯一的角楼基础遗址，对这一文物保护单位造成了不可挽回的破坏，严重违反了《文物保护法》的有关规定，特别是在文物部门依法予以制止的情况下，公开抗拒执法工作，继续施工，造成对文物保护单位的进一步破坏，一些违法犯罪分子还公然围攻、殴打文物执法人员和新闻记者，性质十分恶劣，影响极坏，是一起典型的破坏文物的严重违法、抗法案件。《人民日报》为此做了连续报道，《中国文物报》等多家国内媒体也对该违法案件进行了披露，引起了社会的高度关注。

山西省、临汾市文物部门和文物工作者以及支持文物执法工作的广大民众充分表现出了对国家历史文化遗产的热爱和高度的责任感，主动制止破坏文物的违法行为，冒着烈日酷暑坚守岗位，在遭到围攻、殴打的情况下，始终保持克制、顾全大局、忍辱负重，这种对祖国文物保护事业的忠诚和奉献精神，可钦可敬，令我们十分感动，是我们学习的榜样。国家文物局将坚定不移地对省、市文物部门和当地民众维护《文物保护法》的尊严，保护国家文物的正当行为给予全力支持。

山西省政府和临汾市政府在处理这一违法案件中，对文物部门的正当执法工作给予了大力支持和肯定，山西省领导和临汾市领导现场考察了文物损毁情况，召开了专题会议，制止了违法建设，并正式立案调查，抓捕了有关责任人，充分表明山西省政府和临汾市政府在保护文物、打击破坏文物的违法犯罪活动上是严肃、认真和坚决的。我代表国家文物局向山西省政府和临汾市政府对文物保护事业和文物执法部门的支持表示诚挚的感谢！

对于这一案件，相关各级政府和文物行政部门，必须依照《文物保护法》做进一步的严肃处理。

（1）必须确保原民康制药厂违法建设工程全部停止建设，坚决杜绝在古城墙保护范围内进行违法建设的现象再次发生。

（2）由省、市文物行政部门组织专业力量，对遭到破坏的古城墙的损毁状况进行彻底的调查、评估。

（3）在全面调查和科学测绘的基础上，制定古城墙本体保护方案，并及时对古城墙予以维护，防止损毁状况的扩大。

（4）依法查处对此次违法案件负有责任的有关单位和直接负责人，对指使、组织公开抗法、围攻殴打文物执法人员的违法犯罪分子要一查到底、依法惩处。

（5）鉴于在此项违法建设中，建设单位和施工单位没有办理任何施工必需的法律手续，不仅违反了《文物保护法》，也违反了《城市规划法》等多项相关法规，为此各有关部门应加大联合执法力度，坚决打击违法犯罪分子的嚣张气焰。

（6）山西省文物局应将此项违法案件作为文物行政执法督察的重点督办案件，继续严肃认真地做好督察工作，切实把国家依法治国的方针贯彻落实到依法行政的具体行动之中，督察结果要及时上报山西省政府和国家文物局。国家文物局将继续关注此案件的处理工作。

山西查处临汾古城墙破坏案件

在运城市打击文物犯罪表彰会上的讲话

（2005年7月13日·山西运城）

在运城市政府的高度重视下，经公安部门精心组织、缜密布置、连续奋战，成功破获了芮城“6·5”盗掘古墓案；运城市公安局开展的“打击文物犯罪百日专项活动”也初战告捷，有力地打击了这一地区盗掘古墓的犯罪活动，保护了国家文物的安全。在这里，我代表国家文物局，向战斗在打击文物犯罪一线的公安干警表示崇高的敬意，向辛勤工作在文物保护一线的基层文物工作者表示衷心的慰问！

运城地处黄河流域中游，是中华民族的重要发祥地之一，悠久的历史为这里留下了丰厚的历史文化遗产。拥有这样一份丰厚的历史文化遗产是运城的骄傲，同时也是运城的责任。近些年来，犯罪分子在经济利益的驱使下，在这片土地上，置国家法律于不顾，盗掘古墓活动此起彼伏、屡打不绝，不仅严重破坏了地下珍贵的文物遗存，而且毒化了社会风气，破坏了社会治安，给当地民众生产生活造成了损害。因此，严厉打击盗掘古墓葬等文物犯罪，不仅是保护国家珍贵的历史文化遗产的需要，更是各级政府落实科学发展观、构建和谐社会的需要。应该肯定，近几年来，在运城市政府的坚强领导下，公安干警、文物部门的同志们和广大人民群众一起，为保护当地一方文物安全，做出了不懈的努力，取得了骄人的成绩。但是，我们也要清醒地看到，由于国际、国内文物犯罪严峻的形势，打击文物犯罪将是一项长期而艰巨的任务，我们必须警钟长鸣、常抓不懈。希望大家继续努力、乘胜追击，将“6·5”盗掘古墓案嫌疑人和遗留案件一举侦破，取得更加瞩目的胜利。

初战告捷，值得祝贺。今天我们专程赶到芮城县，对为保护祖国珍贵文化遗产做出突出贡献的公安系统的同志们进行表彰、奖励。我们衷心希望，公安、文物、社会各界，同心协力，共同承担起保护文化遗产的神圣职责，把历史留给我们的珍贵文物保护好、管理好、传承好、利用好；衷心希望并坚信，运城市政府一定会借侦破“6·5”盗掘古墓案之势，在全区业已开展的百日打击文物犯罪的专项斗争中，乘胜追击，重锤出击，狠狠打击犯罪分子的嚣张气焰，坚决刹住盗掘古墓葬的歪风，把运城市的文物安全工作搞得更好。

山西芮城“6·5”盗掘古墓案侦破表彰会

在巩义市侦破宋陵文物被盗案件表彰会上的讲话

（2005年10月23日·河南巩义）

今天，国家文物局在巩义市召开侦破宋陵文物被盗案表彰大会，表彰侦破“1·26”“5·26”宋陵文物被盗案件有功的河南省公安厅刑侦总队和巩义市公安局。首先，我谨代表国家文物局，向侦破宋陵文物被盗案件的全体参战干警表示衷心的祝贺，向战斗在打击文物犯罪一线的公安干警表示崇高的敬意，向辛勤工作在文物保护工作岗位上的基层文物工作者表示诚挚的慰问！

河南文物在全国占有重要地位。河南文物的安全状况，对全国文物安全形势有直接的影响。从某种意义上可以说，河南文物安全情况的变化，是全国文物安全形势的晴雨表。长期以来，在河南省政府的正确领导下，河南省公安、文物部门密切合作，共同为保护文化遗产的安全做出了突出成绩。但是，由于犯罪分子铤而走险的疯狂作案，近两年河南的文物安全形势又趋严峻复杂，尤其是今年宋陵连续发生石刻文物被盗案件，在全国文物系统和社会各界引起广泛关注。面对严峻的形势，河南省各级公安和文物部门以对祖国文物高度负责的历史责任感，变压力为动力，一方面强化管理、加强防范，另一方面周密部署、严厉打击犯罪分子。今年以来，河南省公安厅、河南省文物局积极建立打击文物犯罪的长效工作机制，联合开展区域性打击文物犯罪专项行动；河南省公安厅对文物案件实行挂牌督办，河南省文物局实行了全省文物安全周（日）报告制度，进一步落实安全督察制度，努力推进技防达标工程。通过扎实有效的工作，截至目前，今年发生的三起文物被盗案件全部告破。这一成绩的取得，来之不易，可喜可贺。

但是，我们必须清醒地看到，犯罪分子一刻也没有停止对文物的觊觎，打击盗窃、走私文物的犯罪活动，保障文物安全，仍是一项长期而艰巨的任务，我们必须警钟长鸣、常抓不懈。各地各级文物行政部门，都要认真总结经验教训，查找工作漏洞和不足，进一步加强和改善文物管理和安全防范工作。具体到巩义来说，宋陵是巩义最重要的文化遗产。昨天夜里我们对宋陵的安全保护状况进行了现场考察，感到实施保护的难度的确很大，而目前的保护力量明显需要加强。建议巩义市政府把对宋陵文物的保护作为巩义文物工作的核心任务，放在重中之重的突出位置来对待，针对宋陵的实际需要，从机构设置、队伍建设、人员培训、经费和设备落实等方面采取措施，切实加强安全保卫工作，尽最大努力杜绝发生第四次被盗案件，国家文物局也将积极考虑加大对宋陵文物保护和安全工作支持的力度。

宋陵文物被盗案件的成功侦破，是河南省打击盗窃田野石刻文物犯罪活动的重大胜利，也是全国文物安全工作的一个重要成果。为此，国家文物局研究决定，对河南省公安厅刑侦总队和巩义市公安局给予表彰并颁发奖金30万元。我们衷心希望河南省公安和文物部门再接再厉，更好地承担起保护文物安全的神圣职责。我们坚信，在河南省政府的正确领导下，通过全省公安干警和文物工作者的共同努力，河南省打击文物犯罪的斗争必将取得更大成绩，河南省的文物保护工作必将迈上新的台阶。

河南侦破巩义宋陵“1·26”“5·26”文物被盗案表彰大会

关于成立文物公安局的提案①

（2006 年 3 月）

打击盗窃、走私文物的犯罪活动，是当今世界各国政府都十分重视的问题。许多国家都通过制定专门法律、成立专门机构来加强对文化遗产的保护，一些国家更是组织专门的警力，负责文化遗产的安全。例如，作为文化遗产大国的意大利，从 1969 年起就在国家的宪兵（Carabinieri）部队中专门成立了“保护艺术珍品宪兵司令部”，俗称“文物宪兵”。 这是世界上第一支特别为打击盗窃、走私文物而设立的特殊警察部队，由宪兵部队总司令和文化遗产部部长共同指挥，总部设在罗马，另在 11 个案件多发地设立分部，目前全国有 450 人左右，其中罗马总部有 280 人。该部队兼具警察和文物保护专业机构的双重特点：他们是职业警察（宪兵），但其中的多数又是接受过艺术史和文物鉴定培训的专业人才。1980 年 10 月，该部队建立了被盗艺术品登记报案信息系统，收集所有意大利被盗文物信息和联系国的被盗文物信息。这是世界上第一个被盗文物信息系统，对国际社会的影响很大。截至 2003 年，该部队与世界 12 个国家的 61 个警察机构建立了合作关系，在打击盗窃、走私文化艺术珍

① 此文为在全国政协十届四次会议上的提案，联名提案人：姚珠珠　李延声　李羚　龙瑞　罗天婵　赵青　莫德格玛　吴江　王铁成　袁熙坤　张文彬　夏燕月　樊锦诗　苏士澍　周天游　陈漱渝　盖山林　鲍国安　王馥荔　克里木　白淑湘　李双江　叶惠贤　董良翚　吴雁泽　李谷一　徐庆平　赵喜明　谭利华　胡芝风　阿拉泰　张贤亮　王兴东　盛中国　张平　李致忠　丁常云　陈燮阳　李存葆　韩美林　冯小宁。

品的斗争中发挥着越来越大的作用。

作为文明古国的埃及，也成立了一支由埃及文物最高委员会和内务部联合领导的“文物旅游警察部队”，专门负责文物古迹、旅游景点和博物馆的安全。在开罗博物馆、卢克索、阿斯旺、阿布辛拜勒等著名文物景点和博物馆，随处都可以看到身着黑色制服、手持冲锋枪的文物旅游警察执勤。

中国是举世闻名的文明古国和文物大国，同时也是世界上盗窃、走私文物犯罪活动较为猖獗的国家之一。据各地上报的文物犯罪案件统计，2004年共立文物犯罪案件971起，其中盗窃文物案件481起，倒卖文物案件131起，走私文物案件11起，盗掘古墓葬案件348起。频繁发生的大量盗掘古墓葬、盗窃文物案件以及由此造成的大批珍贵文物流失海外的情况，不仅造成我国珍贵文化遗产的重大损失，而且影响了当地的治安和社会安定，同时也在国际上给我国的声誉造成极大的损失，严重影响了我国作为国际社会负责任大国的形象。

目前，各文博单位基本建立了相应的保卫机构，设置了专职的保卫人员，保卫力量逐步加强。但与严峻的形势和繁重的任务相比，仍有许多严重不适应之处。多年来，全国公安机关和海关部门在打击盗掘古墓葬、盗窃和走私文物方面做了大量工作，他们不辞劳苦，甚至冒着生命危险，与盗窃、走私、倒卖文物的犯罪分子进行不懈的斗争，有力地打击了文物犯罪分子的嚣张气焰，给国家挽回了巨大损失，为保护国家文物做出了自己的贡献。我国与国际刑警组织在打击非法进出口中国文物方面的合作也初见成效，如1994年6月20日，河北省曲阳县五代王处直墓中的石雕被盗后，即经香港走私到美国；2000年2月，公安部与国家文物局通过外交、国际刑警组织途径交涉，并通过美国法律程序争取，美方于2001年4月将该批文物交还我方。事实说明，公安、海关、工商等执法部门的高度重视和强有力的措施，是保卫国家文物安全工作的基本保障；实行以警为主、警民群防群治，是遏制盗窃文物、盗掘古墓、走私文物犯罪案件的有效途径。

20 世纪八九十年代，在陕西、山西、河南等盗窃文物、盗掘古墓、走私文物较严重的重点地区，曾经设立了一些专门的公安派出机构，取得明显成效。1997 年 3 月，国务院在《国务院关于加强和改善文物工作的通知》（国发〔1997〕13 号）中明确要求："公安机关应在重点文物收藏单位和文物犯罪多发地区加强防范，必要时可设立专门的公安派出机构。" 2005 年 12 月，国务院又在《国务院关于加强文化遗产保护的通知》（国发〔2005〕42 号）中要求"严厉打击盗窃、盗掘、走私、倒卖文物等违法犯罪活动"，同时要求"充实文化遗产保护执法力量，加大执法力度"。为贯彻国务院文件精神，根据当前文物安全的严峻形势，建议国家有关部门成立文物公安局，加强打击文物犯罪活动的力度。

具体建议是：按照目前铁路、交通、民航、林业、海关等系统公安（专业公安）的基本模式，结合文物系统和文物安全工作的实际情况，在公安部设立文物公安局，配备一定数量的文物警察，专门负责打击盗窃文物、盗掘古墓和走私文物的犯罪活动；在重点省、市设立文物公安分局，在重点文物收藏单位和案件多发地区设立文物公安派出所；人员列入专项司法编制，实行公务员管理，经费纳入各级财政预算。

关于加强文物执法工作的提案[①]

（2007 年 3 月）

新修订的《文物保护法》颁布实施已经 5 年了。5 年来，各级地方党委、政府和各有关部门高度重视《文物保护法》的宣传、贯彻和实施工作，为文化遗产保护事业的发展做出了艰苦努力。我们相信，只要全社会共同努力，全面地、严格地贯彻执行《文物保护法》规定的各项制度，我国的文化遗产保护事业就一定能够取得长足的发展。我们同时也认为，当前的文化遗产保护工作还存在许多不足之处，很多方面的工作还有待进一步改进和完善，文物执法工作就是其中的一个重要方面。

《文物保护法》第九条明确规定，公安机关、工商行政管理部门、海关、城乡建设规划部门和其他有关国家机关，应当依法认真履行所承担的保护文物的职责，维护文物管理秩序。《文物保护法》第七章“法律责任”明确规定，有八种行为构成犯罪的要由司法部门依法追究刑事责任，构成违反治安管理行为的要由公安机关依法给予治安管理处罚，构成走私行为尚不构成犯罪的要由海关依照规定给予处罚，在文物保护单位保护范围和建设控制地带内建设污染环

① 此文为在全国政协十届五次会议上的提案，联名提案人：樊锦诗　安家瑶　陈漱渝　刘庆柱　梁从诚　杨力舟　夏燕月　赵汝蘅　艾青春　董良翚　克里木　李延声　舒乙　冯骥才　徐庆平　张平　王兴东　杨一奔　杨匡满　赵宝江　陈祥福　李谷一　潘震宙　敖德木勒　叶惠贤　阿拉泰　李致忠　陈晓光　翟泰丰　靳尚谊　李燕　张贤亮　王洪华　魏明伦　汪毅夫　宗立成　贺捷生　于友先　漆林　麻建国　李羚。

境设施的要由环境保护行政部门依照规定给予处罚，历史文化名城、街区和村镇遭到严重破坏的要由上级主管对责任者给予行政处分，未经许可擅自开展文物商业经营活动的要由工商行政管理部门依照规定给予处罚。《文物保护法》的上述规定充分表明，文物执法工作是政府各有关部门以及司法部门的共同任务。一方面，政府各有关部门以及司法部门长期以来与文物行政部门努力合作，共同为文物执法工作的健康发展做出贡献。然而，另一方面，政府各有关部门以及司法部门在打击文物违法犯罪活动的工作中还有许多需要进一步完善的地方，加强文物执法工作需要政府各有关部门以及司法部门与文物行政部门的进一步密切合作。

我们在调查中发现，盗掘古文化遗址、古墓葬的行为已经对文化遗产造成了非常严重的破坏，但对这种行为的打击力度却是很不够的。《文物保护法》第六十四条第一项规定，盗掘古文化遗址、古墓葬的行为要依法追究刑事责任。如何全面地、严格地贯彻执行《文物保护法》的这一项要求，《中华人民共和国刑法》（以下简称《刑法》）第三百二十八条有明确具体的规定：盗掘具有历史、艺术、科学价值的古文化遗址、古墓葬的，处三年以上十年以下有期徒刑，并处罚金；情节较轻的，处三年以下有期徒刑、拘役或者管制，并处罚金；有下列情形之一的，处十年以上有期徒刑、无期徒刑或者死刑，并处罚金或者没收财产，①盗掘属于省级或者国家级文物保护单位的古文化遗址、古墓葬的，②盗掘古文化遗址、古墓葬集团的首要分子，③多次盗掘古文化遗址、古墓葬的，④盗掘古文化遗址、古墓葬并盗窃珍贵文物或者造成珍贵文物严重破坏的。根据上述规定可以明确以下几点：第一，只要是参与盗掘了文物行政部门认定的古文化遗址、古墓葬，无论是否属于文物保护单位，无论是否从古文化遗址、古墓葬中获取到文物，都已经属于犯罪行为；第二，作为刑事处罚的内容之一，罚金都是并处的，不能以罚代刑；第三，只要是多次参与盗掘，或者是团伙中的首要分子，或者在盗掘过程中获取了珍贵文物，或者造成珍贵文物严重破坏的，或者盗掘的古文化遗址、古墓葬属于省级或者国家级文物保护单位的，这些行为都已经构成重罪。然而在实际执法工作中，基层司法部门对盗掘古文化遗址、古墓葬行为以罚代刑的现象比较普遍，认为盗掘的古文化遗址、古墓葬只要不属于文物保护单位就不为罪的现象比较普遍，认为盗掘古文化遗址、古墓葬只要没有盗窃到珍贵文物或者没有造成珍贵文物严重破坏的就不为罪的现象也比较普遍。

我们在调查中还发现，作为文化遗产重要组成部分的历史文化名城、街区和村镇，许多已经遭到严重破坏，但是我们却很少发现有人因此而被追究过法律责任，也没有发现有历史文化名城、街区和村镇被撤销过称号。这说明《文物保护法》第六十九条的规定没有得到认真执行。为保护历史文化名城、街区和村镇，一些地方也出台了地区性的历史文化名城保护条例，有的省级人民政府还制定公布了详尽、科学的历史文化保护区保护规划。无论是根据这些地区性的历史文化名城保护条例，还是根据这些历史文化保护区保护规划，违反条例或规划造成历史文化名城、街区和村镇被破坏的行为都是明显的违法行为，都应当依法追究责任人的法律责任。显然，我们在调查中也没有发现这些地区性的法律规定得到认真执行。

上述两个例子表明，加强文物执法工作，已经成为刻不容缓的当务之急。为此建议：在《文物保护法》颁布实施5周年之际，请《文物保护法》明确规定有保护职责的有关国家机关开展各自领域的文物执法检查和督察工作，请文物行政部门密切配合，并请公安部门、检察院、法院等司法机关进一步依照《文物保护法》和《刑法》的有关规定，加大打击文物犯罪行为工作的力度。

在大遗址保护赤峰座谈会上的讲话

（2007 年 6 月 25 日 · 内蒙古赤峰）

最近，《新华社内参》连续反映赤峰市境内一些古遗址、古墓葬被盗掘，大量珍贵的红山文化玉器被盗卖出境以及红山文化文物造假、赝品泛滥；河北泥河湾旧石器遗址、宁夏灵武窑遗址等因缺乏有效保护而遭到严重破坏等问题。近期以来，各级文物部门就相关工作做了大量的调查研究，认真研究分析了问题产生的原因，提出了解决问题的对策。刚才河北、宁夏、内蒙古的同事们都发表了很好的意见和建议。在此，我重点就下一步的工作讲几点意见。

一、充分重视古遗址、古墓葬屡被盗掘、破坏的严重性和危害性，采取坚决措施予以遏制、纠正

古遗址、古墓葬屡屡被盗，不仅给文物造成了不可挽回的损失，同时也严重毒化了社会风气，损害了国家形象，危害极大。必须严厉打击盗掘古遗址、古墓葬等涉及文物的违法犯罪活动。为此，各级政府要加强对相关工作的领导和组织协调。文物部门要在地方政府的领导下，积极与公安、工商、海关等部门加强配合，从源头、流通和出境等各个环节采取有效措施，依法查处、打击盗挖、盗掘、贩卖、走私出土文物的违法行为。公安、工商、海关等部门也要主动依法履行职能，相互配合，协同作战。

另外，从部分汇报材料看，目前对一些案件的量刑偏低。《刑法》有非常严厉的打击文物犯罪专门条款。设有“走私文物罪”“盗窃罪”“盗掘古文化遗址、古墓葬罪”等，这些罪行情节严重的都可处以极刑。建议赤峰市公检法部门，根据具体情况，依法加大惩处文物犯罪分子的力度，形成震慑。

二、加强队伍建设，保证文物行政执法和打击文物犯罪工作的正常开展

目前，基层、一线文物管理机构人员少、经费极度匮乏，日常巡视、检查工作不到位。这也是古遗址、古墓葬屡被盗掘、破坏的一个重要原因。例如，赤峰市面积达 9 万平方千米，有古遗址 6800 多处，各级文物保护单位 260 多处，5 万余件（组）馆藏文物，文物博物馆职工却只有 180 余人。很显然，队伍的规模与其承担的任务是不匹配的。此外，这里的各个文物博物馆机构都存在不同程度的经费匮乏问题，装备也比较差，严重制约了相关工作的正常开展。希望各级政府进一步加强文物行政管理机构建设和保护经费的投入，保证文物行政执法和打击文物犯罪工作的正常开展。

同时，希望各级文物部门、文物博物馆机构在现有的基础上自强不息，加强责任心，建立健全制度，努力克服各种困难，严防死守，确保文物安全。例如，在现有基础上进一步完善巡查制度、义务保护员制度，对于盗掘古遗址和古墓葬、盗卖出土文物等案件能够做到及时发现、及时处理。国家文物局也将加强对相关工作的指导和督察，并根据国家有关规定加大对基层的支持力度。

三、加强基础工作，为从根本上解决当前古遗址、古墓葬保护工作面临的突出问题提供有效保障

根据新华社动态清样，河北泥河湾遗址存在的村民乱挖、乱建以及化石、石器风化、丢失等情况，更多地反映了文物保护基础工作薄弱、日常管理不到位问题，这也是当前普遍存在的问题。赤峰大王山墓地被盗的一个重要原因就是在此前的工作中包括前两次文物普查，都没有发现这个墓地，文物部门不知道这处文化遗址的存在。我认为，要解决这些问题，首先是当地政府、文物部门要认真思考如何真正负起责任，扎扎实实地做好工作。

（1）要认真做好第三次全国文物普查相关工作，每一个地方都要尽可能全面掌握本辖区文物的基本情况，做到心中有数。对泥河湾这样重要的遗址应在做好历年考古调查、发掘资料整理、出版研究报告等工作的基础上，抓紧组织专业单位制定保护规划以及遗址保护方案，依法获得批准后科学组织实施，使遗址的保护和管理工作纳入科学化、规范化轨道。但是，目前泥河湾、灵武窑、赤峰城子山遗址等三处全国重点文物保护单位都尚未编制保护规划，也没有保护方案。

（2）各级地方政府和文物部门依法做好“四有”工作。划定、公布各级文物保护单位的保护范围和建设控制地带，明确保护管理机构，设立保护标志，编制“四有”档案，协调好遗址保护与地方社会经济发展、当地民众生活的关系，切实做好文物保护工作。

（3）加强宣传，努力引导，争取全社会支持和参与古遗址、古墓葬这类文物的保护工作。古遗址、古墓葬大多位于荒郊野外，有的地方人迹罕至，具有规模庞大、地形地貌复杂等特点。这些特点决定了对它们的保护管理也更加复杂、困难，仅凭文物部门一家

难以做好。因此，通过宣传争取政府和各有关部门的支持，特别是广大民众的大力支持和参与显得尤为重要。我们可以通过报刊、广播电台、电视台、互联网等大众传媒，通过举办展览、论坛、讲座等多种方式,使社会公众更多地了解国家保护文物的各项政策措施、保护古遗址和古墓葬的意义、公民的保护义务等。对保护文物先进人物和事迹给予大力宣传表彰，对破坏文物的违法行为和事件及时予以揭露曝光，努力在全社会形成保护文物的共识和氛围。只有古遗址、古墓葬所在地的民众真正理解、支持、参与保护，才有可能从根本上遏制古遗址、古墓葬被盗掘、破坏的情况发生。

正如大家前面分析的一样，古遗址、古墓葬屡被盗掘、破坏的原因相当复杂，除了遗址范围大、地处偏僻、不便看护，文物管理机构人员少、装备差、经费缺乏等客观因素外，我认为这里还有一个责任心问题。希望各级政府和各有关部门特别是文物部门认真总结、反思以往工作的经验和教训，要通过扎扎实实的工作来解决包括古遗址、古墓葬屡被盗掘、破坏等问题。

在文物行政执法专项督察会议上的报告

（2007 年 9 月 19 日）

今天，我们召开国家文物局 2007 年度文物行政执法专项督察组全体成员会议。首先，我向大家通报国家文物局 2006 年度行政执法专项督察情况，通报国家文物局 2006 年度重点督办违法案件情况，并研究确定此次专项督察的工作方案。

下面我谈三个问题。

一、2006 年度国家文物局行政执法专项督察和重点督办违法案件基本情况

为进一步贯彻落实行政执法责任制工作，巩固依法行政成果，规范行政执法行为，推进文物行政执法工作，依据《文物保护法》及其《实施条例》《中华人民共和国行政处罚法》《国务院办公厅关于推行行政执法责任制的若干意见》（国办发〔2005〕37 号）、《国务院关于加强文化遗产保护的通知》（国发〔2005〕42 号）等有关法律、法规、文件精神，国家文物局在 2006 年 3 月至 7 月在全国组织开展了 2006 年度行政执法专项督察工作。

2006 年 3 月，国家文物局发出通知，要求各地文物行政部门自行开展执法检查并上报有关情况。国家文物局根据各地上报的情况、新闻媒体与社会民众反映的情况以及已掌握的其他情况来确定专项

督察的地区。

2006年6月26日，国家文物局组织召开2006年度行政执法专项督察会议，确定了专项督察的地区、时间和工作重点。2006年的督察重点是：①严厉打击破坏文化遗产的各类违法行为，特别是将文物作为或变相作为企业资产经营的违法行为，重点追究因决策失误、玩忽职守，造成文化遗产破坏、被盗或流失的责任人的法律责任；②各地正在办理或已办结的文物违法案件的有关情况；③对2005年度文物行政执法专项督察中发现的问题和重点督办案件进行复查；④各地文物行政处罚工作开展现状；⑤各地执法机构、队伍建设与培训情况（如机构成立时间、批准单位、人员编制、是否持证上岗等）；⑥对2004、2005年度国家文物局拨付的专项经费使用情况进行核查。

6月27日至7月3日，国家文物局领导随同4个督察组分赴北京、重庆、内蒙古、广东、河南、安徽、贵州、宁夏等8个省、区、市开展专项工作。督察组在检查中看到，与2005年相比，各地普遍加强了文物行政管理机构和执法机构建设，依法行政和行政执法工作渐次推进。

在肯定成绩的同时，督察组也对存在的问题提出了明确的整改意见，并将四起严重违法案件列为国家文物局重点督办违法案件。

（一）安徽宣城广教寺双塔保护范围内违法建设事件

宣城广教寺始建于唐代（公元849年），位于安徽省宣城市敬亭山南麓。其中双塔系1096年（北宋绍圣三年）兴建，为仿木楼阁式砖塔。广教寺兴盛于宋元，清乾隆年间毁坏严重，抗战时期主体建筑被毁，仅存双塔。1988年，国务院公布广教寺双塔为第三批全国重点文物保护单位。同年，安徽省政府公布了广教寺双塔的保护范围和建设控制地带。2002年6月21日，安徽省宗教事务局批复同意修复敬亭山广教寺，宣城市决定复建广教寺并作为宗教活动场所开放。2003 年，宣城市政府经安徽省文物局向国家文物局正式请示在广教寺双塔保护范围和建设控制地带内复建广教寺事宜。2003 年 3 月 4 日，国家文物局复函明确不同意重建广教寺要求。2005 年年底，安徽省宣城市某单位未经报批擅自在广教寺双塔保护范围和建设控制地带内违法建设。2006 年 1 月 15 日，国家文物局在接到举报后派员赴实地调查，发现建设单位擅自拆除了保护范围内原经批准复建的广教寺双塔山门，且正在兴建未经报批的新山门，同时在建设控制地带内开始兴建四座大殿，该违法建设行为破坏了古代地下建筑遗迹。我局人员在现场即提出所有违法建设必须立即停工，等候处理。但是之后建设单位依然一意孤行，明目张胆地继续违法建设。1 月 26 日，国家文物局致函安徽省政府，指出这是一起典型的法人违法案件，对文物遗址和历史风貌造成了极大破坏，情节严重、事实确凿。据此，提出明确意见。4 月 14 日，安徽省政府对宣城市违法建设提出五条处理意见函告国家文物局，并责令违法建设立即停工。实际上违法施工依然在进行中。6 月 28 日，我参加的第一督察组赴现场勘察违法建设情况，可以确定的违法事实有：①擅自拆除了双塔南部原经批准复建的山门，并兴建了一座体量、形制均不协调的新山门，同时破坏了地下遗迹；②擅自推平了双塔北部的历史形成的高台地，同时兴建四座大殿，地下遗迹全部破坏。上述两项违法建设严重违反了《文物保护法》，一定程度上违反了《刑法》，应迅速整改并追究当事人的法律责任。同时，督察组还发现位于双塔东侧的“瑞景家园”别墅群一部分处于双塔的建设控制地带内，据了解，此项建设工程也未履行相关报批手续。7 月 13 日，国家文物局派专家现场勘察该案件整改情况，确认工程已经全面停工。7 月 31 日，中央统战部、国家文物局、国家宗教事务局召开专题会议，研究广教寺双塔违法建设和行政执法的有关问题，并由国家宗教事务局、国家文物局联合致电安徽省政府。8 月 13 日，国家文物局再度派员复查现场。9 月 9 日，国家文物局和国家宗教事务局组织召开了广教寺双塔保护范围和建设控制地带内违法建设情况专题会议，听取了安徽省政府关于落实两局电报精神的汇报。中央统战部、中纪委（监察部）驻文化部纪检组（监察局）、国土资源部、文化部以及安徽省政府和省文化厅（文物局）、宣城市政府等有关同志参加了会议。11 月 29 日，国家文物局副局长童明康带队赴现场对广教寺双塔违法建设整改情况进行了第 5 次督察。2007 年年初，国家文物局对案件处理提出进一步明确意见，并请省政府责成省文物局，尽快组织编制广教寺双塔总体保护规划，在规划中体现对违法建筑的整改方案。3 月 27 日，根据国家文物局要求，安徽省文物局、宣城市政府在宣城市召开宣城市广教寺双塔保护规划研讨会。3 月 28 日，国家文物局副局长董保华带队再赴现场对广教寺双塔违法建设整改情况进行了第 6 次督察。目前，宣城市政府已委托有关设计单位编制广教寺双塔总体保护规划，将违法事件的整改体现在规划里，编制工作已初步完成。

（二）重庆大足石刻被作为资产交企业经营违法事件

大足石刻为世界文化遗产和全国重点文物保护单位。2004 年 10 月，大足县与重庆某公司签订协议成立旅游公司，将大足石刻作为该公司资产进行管理经营。2005 年 3 月，大足石刻艺术博物馆也与该旅游公司签订协议，正式将大足石刻交由其进行经营活动。该案明显违反了《文物保护法》有关规定。2006 年年初，国家文物局获知此事，即责成有关部门尽快纠正该违法行为。同年 4 月，该旅游公司将大足石刻门票经营权交还给大足石刻艺术博物馆。6月29日，在督察组现场检查时发现，该旅游公司并未完全退出大足石刻的经营管理活动。7月26日，重庆市政府组织市文物局、大足县政府和有关方面召开专题会议，研究如何加强大足石刻保护工作和落实国家文物局督察组意见。会议议定，该旅游公司必须全面退出大足石刻的经营管理活动，并于8月10前办理完毕所有善后事宜。据了解，该旅游公司现已全面退出大足石刻的经营管理活动。

（三）河南博爱大王庙大殿后院碑刻文物遭严重破坏违法事件

2006年5月31日，河南省博爱县在建设工程中用铲车将大王庙大殿后围墙全部推倒，致使16座明嘉靖至清光绪年间的珍贵碑刻文物严重损毁。事发当时，河南省文物局执法人员即刻赶到现场并全力制止，但是遭到不明身份人员阻拦和推搡，有的执法人员还被推倒在地。现场一片狼藉，被损坏的碑刻残块与被推倒的墙体、残砖混杂在一起，16座碑刻文物均有不同程度的损伤，个别碑刻文物裂为多块。经初步鉴定，在这16座碑刻文物中，3座为二级文物，5座为三级文物，其他的为一般文物。至此可以判定，该案明显违反了《刑法》，相关责任人应受到法律制裁。6月9日，国家文物局派员到现场了解案件情况。6月30日，督察组核查了破坏现场，并向当地政府提出了明确的整改意见。8月10日，国家文物局再度派员现场督办整改情况。目前，该事件已得到处理。博爱县事后专门成立独立建制的文物局，且大王庙总体保护规划现已编制完成。

（四）内蒙古库伦三大寺保护范围内违法建设事件

库伦三大寺位于内蒙古库伦旗，由兴源寺、福源寺和象教寺组成，为第六批全国重点文物保护单位。1998年，内蒙古库伦旗未经报批擅自在库伦三大寺正中开辟了一条宽10米、长约1千米的南北向公路，将古建筑群从中分割，严重破坏了古建筑群的历史风貌，公路上车辆的往来振动同时对古建筑群安全造成潜在危害。经现场勘察，督察组还发现在库伦三大寺之象教寺内，某单位未经报批擅自新建钢筋混凝土结构的建筑“大雄宝殿”，这一建筑无论从体量、形制、结构等方面均严重破坏了古建筑群的整体格局和环境风貌。上述两项违法建设严重违反了《文物保护法》，应立即进行整改。7月3日，督察组在现场核实后召开座谈会，对该案明确提出了若干整改意见。8月2日，国家文物局派员现场督促落实督察组提出的整改意见。目前，该事件已得到应有处理，象教寺内违法兴建的新建钢筋混凝土结构的建筑“大雄宝殿”已拆除。

二、行政执法专项督察工作引发的思考

经过2005、2006年行政执法专项督察工作，我们感到以下几点值得思考。

（1）文物保护工作不断深入民心。通过宣传、学习、贯彻和落实文物保护法律法规，文物保护工作在行政管理、机构与人才建设、科技创新、安全防范、服务意识上明显进步，有的已成为当地经济发展、精神文明建设的支柱；同时，各地相继出台一些地方法规，为文物事业的发展与进步提供了更加良好的法制环境。

（2）重大文物违法案件的处理必须充分发挥和依靠各级地方政府，各级政府必须坚持有法必依、执法必严、违法必究的原则，维护和捍卫法律尊严，保护文化遗产。

（3）文物行政管理机构建设的加强，是依法行政和行政执法工作不断推进的基本动力。2005年，国家文物局增设政策法规司，

并增加行政编制 10 名。紧接着，中央编办又批复同意国家文物局增设人事教育司。同时，大部分省份已成立了副厅级的文物局。目前，全国已有 30 个省份成立了专兼职文物行政执法机构，其中浙江省成立了省文物监察总队，专门负责查处文物违法行为。

专项督察同时发现了当前文物行政执法工作面临的严峻形势和诸多问题，最为突出的是以下几个方面。

（1）一些地方法制观念和文物保护意识淡薄，法人违法现象严重，各种违法和犯罪活动造成了大量文物破坏或损毁；文物安全工作亟待加强，盗掘、盗窃文物案件和火灾事故时有发生，安全防范水平和意识还需加强。

（2）亟须建立专门文物行政执法机构并加强执法队伍建设。现全国虽已有省级文物行政执法机构 30 个，但是其中真正明确文物行政执法岗位和组成执法队伍的只是少数几个地方，更多的情况是执法机构不健全、执法岗位不确定、执法责任不明确。

（3）执法观念和执法水平有待提高。现在仍有少数文物行政执法人员不能正确认识文物行政执法的重要性和严肃性，不懂法、不学法，更谈不上依法执法；也有少数文物执法人员法律知识欠缺、执法观念陈旧，不懂得依照行政处罚相关程序进行处罚；更有少数执法人员不能站在维护国家利益、维护法律尊严的高度行使权力，对于法人违法案件，慑于权势，不敢执法。

（4）必须建立健全有效的行政执法监督制约机制。长期以来，我们缺乏对行政执法工作的监督、检查、评估。由于行政执法责任制不健全，导致执法岗位不确定、执法责任不明确、评议考核制度不科学、责任追究制度难以落实等问题普遍存在。

三、国家文物局近期加强行政执法的主要设想和措施

（一）继续推动各地行政执法机构建设

2003 年之前，全国只有北京市文物局于 2000 年成立了文物监察执法队，编制 18 人。2003 年，国家文物局成立执法督察处，并下发通知要求各地成立执法机构。此后，各地相继成立了多种形式的文物行政执法机构。至今，全国已有专兼职省级文物行政执法机构或队伍 30 个。山东省尚为空白，仅有一名兼职执法人员。为肯定和推动各地文物行政执法机构建设工作，国家文物局先后分三批为其中 27 个省份文物行政部门配发了行政执法督察车。新疆、陕西、河北等地也纷纷效仿，为其辖区内地（市）级文物行政部门配发了行政执法车辆和器材。

但是这些机构中，真正明确职责、明确岗位的却寥寥无几。约有一半省级文物行政执法机构只是徒有其表,挂了执法机构的牌子，却只有一名兼职行政执法人员。故当务之急是继续推动这些省份加快机构建设,增加专职的行政执法人员编制,确保行政执法工作顺利、有效开展。

（二）加强行政执法培训，切实提高执法水平

自 2004 年以来，国家文物局和地方各级文物行政部门陆续举办了多期文物行政执法培训班，逾 1500 人参加了培训，并配发了统一制式的执法证件。国家文物局领导也多次赴各地授课。培训的主要内容是法律、法规、相关政策和案例分析；培训对象是各级文物行政管理人员和一线执法人员；培训采取灵活多样的讲授与研讨互动相结合的方式，着重于能力的培养和提高。同时，将持证上岗、年检考核与人员培训有机结合，明确岗位职责，全面提升队伍素质。

2006年年底，国家文物局举办了文物行政处罚案卷评比活动，为执法人员提供了一次交流学习的机会，查漏补缺，提高了执法人员法律文书制作水平。

（三）推行持证上岗，规范执法行为

行政执法活动必须由合法的主体实施。在法律授权的过程中，一项重要内容就是持证上岗。要通过培训推动持证上岗制度的实施。自2006年起，国家文物局主办的行政执法培训班均实施培训、考核、发证、年检四步走的办法。并且曾经参加各地培训且经考核符合要求的人员可以补发行政执法证件。同时，执法程序也是考量执法行为合法性的重要内容。行政执法程序是由法律规定的行政执法机关在实施法律及法定处罚时所必须遵循的步骤、方法、期限，可以采取的手段、措施以及应用范围和对象的总称。执法程序是法律的重要组成部分，是公民权利和义务的保障，是对执法权的设防和监督。因此，要从制度上确保执法人员严格按照法定权限和程序行使职权，既不能失职不作为，又不能越权乱作为。

（四）建立文物行政执法信息系统

信息化是改善工作质量、提高工作效率的重要手段。2006年下半年，国家文物局开始筹建文物行政执法信息系统，使执法机构和人员、执法培训、证件配发、年检考核、案件情况实现动态管理。现在，该系统模型已初步建立，即将在一些地区进行试点工作。

（五）建立文物行政执法新闻发布制度

要使全社会更加了解文物工作在社会经济发展过程中的重要性，更加了解《文物保护法》的严肃性，从而使社会各界更广泛地关心、支持、参与文物事业，我们必须加强宣传工作，把它作为非常重要的基础性工作之一。自2006年起，国家文物局已建立文物工作取得

的重要成果和查处的文物违法重大案件公布制度，于每年5月召开新闻发布会，向社会公布有关情况。

（六）定期开展行政执法专项督察工作

通过专项督察工作，我们认为这是学习、宣传、普及文物保护法律、法规，学习基层工作经验的过程；是改变官僚主义作风，充分开展调查研究的过程；是深入实际、深入基层，发现、分析、解决问题，为基层单位排忧解难的过程；是提高执政能力、执法水平，全面贯彻落实文物工作方针的过程；是总结经验、树立信心、巩固成绩的过程。要以这项工作推动整个文物基础工作的进程，使文物工作实实在在地融入改革开放，有利于、服务于当地的经济和社会发展。文物工作要以人为本，惠及广大民众的生产生活，引起广大民众的最广泛参与、支持、重视，真正体现文物工作的作用。

关于建立打击文物刑事犯罪联合工作机制的提案[①]

（2008年3月）

一个时期以来，在暴利的诱惑下，盗窃、盗掘、走私、非法出售、倒卖文物的违法犯罪日益猖獗，呈现屡打不绝、屡禁不止的事态，使一些国家珍贵文化遗产遭到不可挽回的损失，在影响当地社会安定和经济发展的同时，也严重影响我国在国际上的声誉和作为国际社会负责任大国和文明古国的形象。各级公安机关在海关、工商、文物等部门的配合下，为打击文物刑事犯罪做出了不懈努力，侦破了大批案件，取得了突出成绩，但是面临的形势依然十分严峻。

从近年来掌握的情况来看，文物犯罪呈现以下特点。

（1）有组织的文物刑事犯罪占案件绝大多数，其作案手段隐蔽、组织严密、分工明确，最终将大部分文物走私出境；而且采取反侦察手段，躲避公安、海关、工商、文物等部门的打击和监管，并利用非法所得投资办企业，进行“洗钱”活动；一些团伙还通过实施绑架、伤害、诈骗、非法拘禁等各种手段垄断文物黑市交易，开办所谓“文化城”、洗浴中心、酒吧等掩护文物犯罪。

（2）使用持枪持械等暴力手段进行文物犯罪。犯罪嫌疑人在

① 此文为在全国政协十一届一次会议上的提案，联名提案人：刘庆柱　张柏　吕章申　高延青　王川平　苏士澍　安家瑶　詹祥生　余辉　张廷皓　张学津　张和平　张俊芳　耿其昌　杨力舟　赵维绥　张平　郑欣淼　王瑞珠　周岚　陈凌孚　张桃林　胡珍　韦建桦　赵秀云　李羚　王霞　杨一奔　薛康　林国文　刘志强　韩方明　周和平　王明明　何家英　龙瑞　杜玉波　陈国星　崔建华　边发吉　李晓林。

实施犯罪过程中，一旦被发现，经常使用暴力手段，由盗窃转为伤人、杀人，甚至开枪拒捕。例如：2001年，在山西运城北相镇盗墓现场，犯罪嫌疑人开枪打伤2名刑警；2004年，山西省芮城县公安局刑警在抓捕盗掘古墓的犯罪嫌疑人时被犯罪分子开枪击伤。在全国重点文物保护单位湖北省荆州楚墓群、青海省都兰吐蕃墓葬也多次发生犯罪嫌疑人持枪盗墓、开枪拒捕的情况。

（3）文物犯罪呈专业化发展趋势，走私渠道趋于形成。文物犯罪暴利积累的大量资金，使文物犯罪集团作案工具和装备先进，使用金属探测、定向爆破技术，利用专业人员挖地道盗墓等，作案成功后，运输、走私十分迅速。例如2000年，盗窃分子将甘肃省华池县山上11层的1号石塔盗走，先行运到广州，后走私到台湾。

（4）国内以经营所谓“艺术品”为主的古玩市场遍布大、中城市，而文物行政部门缺乏法律授权，难以实施监管，给文物刑事犯罪提供了新的渠道，导致有的古玩市场经常成为各地文物犯罪嫌疑人结识、交易、集散、策划犯罪的场所。

（5）文物犯罪人员组成复杂，地域分布广泛。通过一些案例分析发现，参与文物犯罪的人员极其复杂，甚至有公务人员、企业家、所谓“慈善家”和港、澳、台地区人员；地域上涉及全国各地，破案难度大、成本高，导致一些地区发生的重大案件侦破迟迟没有进展，例如在社会上影响较大的1999年山西省五台县全国重点文物保护单位南禅寺持枪抢劫佛像案件。一些古墓葬、古建筑、石窟寺等田野文物丰富的地区，也是文物刑事犯罪多发地区，但是长期没有实施更为有效的打击。

根据以上实际情况分析，文物刑事犯罪已经逐渐形成有预谋、有计划、有指挥，跨地区、智能化、专用化，手段暴力、获利丰厚、危害严重、性质恶劣的有组织犯罪，务必早防早打，防止其继续发展。但是目前有关部门没有建立起相应的打击文物犯罪的联合工作机制，经常形成各自为战的局面，全国打击文物刑事犯罪工作尚未形成合力。

《文物保护法》赋予了有关国家机关保护文物的神圣职责，其中第九条规定："公安机关、工商行政管理部门、海关、城乡建设规划部门和其他有关国家机关，应当依法认真履行所承担的保护文物的职责，维护文物管理秩序。"《国务院关于加强和改善文物工作的通知》（国发〔1997〕13号）中也明确提出"公安机关应在重点文物收藏单位和文物犯罪多发地区加强防范，必要时可设立专门的公安派出机构"的要求。

根据当前打击文物刑事犯罪实际工作需要，提出以下建议。

（1）建议在公安部门的有关职能局内设置打击文物犯罪的专职机构，加强领导，统一指挥、督察文物案件的侦破，联合多警种、多部门，加强协调、协作，加强与国际上有关国家和相关组织的情报交流，梳理已经掌握的案件线索，加大追逃工作力度。

（2）建议由公安部牵头，组织、联系各地公安、工商、海关、城乡建设和文物等部门，建立联席会议制度和联络员制度，及时召开会议，研究落实；同时研究建立信息网络，各部门及时将情况进行通报，建立打击文物犯罪的联合长效机制。

在北京市万寿寺安全检查现场会上的讲话

（2008 年 4 月 29 日）

根据《文物保护法》和国务院有关安全生产工作的部署，今天国家文物局在这里检查了全国重点文物保护单位万寿寺，同时也是北京艺术博物馆的文物安全工作，这只是国家文物局《迎奥运文物安全检查工作方案》实施的开始，我们还要对所有奥运项目举办城市的文物安全工作进行检查。检查的重点：一是文物对外开放单位的突发事件应急预案制定、培训演练、落实情况；二是安防、消防设施达标情况和操作使用、制度执行情况；三是各级文物行政部门安全机构建设和巡查管理、经费保障情况。

文物安全工作是文物工作的生命线，是文物保护工作的重要保障。长期以来，国家文物局坚持把文物安全工作放到重要地位，常抓不懈、警钟长鸣。文物安全工作是国家文物系统的四项基础工作之一，一方面加强文物博物馆单位自身安全防范工作，并协助公安、海关等部门加大打击文物犯罪的力度；另一方面深入调查研究，强化监督检查，加强文物行政执法力度。

我国历史文化遗产分布广泛，地下、水下文物埋藏丰富，地上文物建筑多为土木结构；盗掘古墓葬和古遗址、盗窃馆藏文物、走私文物和火灾等案件时有发生。全社会依法保护文物意识还需要进一步提高，文物行政管理机构建设有待加强，文物管理体制需进一步理顺；文物安全保卫任务十分繁重，面对的形势也不容我们有丝毫的松懈和麻痹。目前，适逢博物馆免费开放、奥运会即将来临，国家文物局和各级文物行政部门进一步加强了文物安全工作，一定确保观众和文物的安全。因此，一是要精心组织，集中治理，切实消除火灾隐患，严防危险物品、敌对势力破坏等突发事件的发生，对非文物部门使用管理的或者对外有出租场地的单位要与其签订安全责任书，依法加大监督检查力度，加强日常监管，消除隐患，做到常备不懈，确保安全；二是落实责任，夯实安全工作基础，各单位要完善突发事件预案，提高应急反应能力，做到防患于未然和职责明确，加强日常巡查制度，及时督促整改，避免安全事故的发生。

今天的检查和演练的成功，是全体职工努力的结果。预防和应对突发事件还要突出以预防为主、预防与应急相结合的原则。要对单位可能发生的突发事件进行综合性评估，以预防和减少突发事件的发生。还要继续完善各类预案，加强巡查，提高警惕，防止松懈。

北京艺术博物馆

在迎奥运文物安全工作会议上的讲话

（2008年5月15日）

今天距奥运会开幕还有85天。今年以来，国务院办公厅连续下发了《国务院关于进一步开展安全生产隐患排查治理工作的通知》《国务院关于开展安全生产百日督察专项行动的通知》和《国务院关于进一步加强企业安全生产工作的通知》，要求各地区、各部门落实安全生产部署，进一步加大安全工作力度，有效防止各种重大事故的发生，保障奥运会顺利举办。文物安全工作牵动着文化遗产事业发展的全局。在世人瞩目的奥运会即将来临的重要时刻，把大家请来，目的是落实国务院相关通知精神，统一思想、提高认识，明确任务、落实责任，确保奥运会期间的文物安全。

今年以来，全国已经上报文物刑事案件8起，其中盗墓6起、火灾1起、博物馆被盗1起。特别应引起高度重视的是，今年还发生了2起安全生产事故，西安市某考古工地塌方，3名民工死亡；南京某考古工地塌方，2名民工受伤，文物安全形势不容乐观。2月10日，发生在韩国首尔的古建筑崇礼门被烧毁事件，也给我国文物古建筑的消防安全工作敲响了警钟。4月22日，世界文化遗产和全国重点文物保护单位故宫的工作人员在进行安全检查时，发现一个装有汽油的塑料桶。国家文物局已经连续下发了3个紧急通知（《关于加强文物消防工作的紧急通知》《关于加强突发事件应急预案制定和落实确保文物安全的紧急通知》《关于做好“五一”和奥运会期间文物安全工作确保文博单位安全的紧急通知》），要求各级文物行政部门认真组织开展安全检查工作,加大安全隐患的整改力度，完善突发事件的应急预案，查堵漏洞，常备不懈，确保奥运会期间各文物博物馆单位尤其是对外开放单位的安全。

4 月 29 日，国家文物局突击检查了全国重点文物保护单位万寿寺（北京艺术博物馆）、白塔寺和北京市级文物保护单位历代帝王庙的文物安全工作，重点检查了突发事件应急预案制定、人员培训、安防消防设施达标情况以及文物安全制度的制定和落实情况，采取问卷形式对馆内工作人员进行随机抽查；在现场模拟火灾突发情况，检查有关单位对突发事件的应急处置能力。

北京市文物局制定了“平安奥运行动”实施方案，集中力量，抽调机关业务处室人员充实到安全保卫工作一线。近日，北京市文物局分四个检查小组对局属各单位安全情况进行夜间突击检查。重点检查了安全隐患自查和排除整改情况、安全责任区域划定、安全日志登记情况、值班巡查情况，切实把各项安全措施落到实处。

当前，我国文化遗产事业呈现出快速发展的良好势头，但是我们也应当清醒地看到，文物安全工作也面临一些新的形势。一是文化遗产保护的范围在扩大，文物保护单位的类型更加多样，保护的任务更加艰巨。第六批全国重点文物保护单位有 1080 处，数量基本是前五批总数之和，博物馆也以每年近 100 座的数量增加。特别是按照工作计划，今年免费开放试点的博物馆为 600 余家，到 2009 年全国免费开放博物馆、纪念馆将达到 1200 余家，更多的公众走进博物馆、纪念馆，给文物安全工作提出了更高的要求。二是文化遗产和民众之间的联系更加广泛、密切。比如古村落、大运河、近现代工业遗产等新型的遗产，与民众的关系非常密切，很多都是居民生产生活的地方，我们的安全工作更要贴近群众、依靠群众、宣传群众，也要为群众着想，为群众服务。三是随着城市化进程的加快，文物所处环境更为复杂，越来越多的遗址被城市、楼群和生活区包围，文物安全工作的重点与以前有很大的不同，更加具有多样性。四是全球气候变化异常，风干物燥、雨雪灾害等极端天气给文物安全工作提出新课题，近期的地震灾害也使文物受损，文物安全面临挑战。五是文物犯罪依然猖獗，文物犯罪的手段更加隐蔽，具有集团化、暴力化、盗运销一条龙的突出特点。六是奥运会期间，一些敌对势力千方百计利用各种手段制造事端，破坏奥运会，抹黑中国的形象，文物保护单位有可能成为其破坏的目标。总之，确保文物安全任务繁重、责任重大，我们一定要居安思危，做到防患于未然。

文物安全是文物工作的生命线。特别是奥运会期间，文物安全工作更应当引起我们的高度重视。5月8日，国家文物局专门召开维护稳定工作会议，通报了当前复杂严峻的国内外形势，对奥运会期间维护稳定工作进行动员部署。为进一步贯彻落实国务院有关精神，提高各文物博物馆单位安全意识和突发事件应急处置能力，加大各单位隐患排查与整改力度，根据国家文物局《迎奥运文物安全检查工作方案》，国家文物局继续对与奥运会有关的北京、天津、上海、沈阳、青岛、秦皇岛等奥运会举办城市进行文物安全检查。为开展好这次行动，我提四点要求。

一、认清形势，牢固树立安全第一的观念

北京奥运会的序幕已经拉开，奥运圣火正在国内传递，国内外喜迎奥运会的热情已经点燃。但是也要清醒地看到，国际环境错

综复杂，国内也存在各种不稳定因素。各级文物行政部门和各文物博物馆单位要切实增强大局意识和忧患意识，以高度的社会责任感和历史使命感，紧急行动起来，扎扎实实地做好迎奥运的各项准备工作，确保奥运会期间文物系统的安全稳定。要特别防止因领导不力、措施不落实而造成人员伤亡、文物损毁事件。要进一步明确各级文物行政部门的主要领导是文物安全工作的第一责任人，严格执行安全工作的各项制度，把安全工作作为对各单位领导考核的重要内容。

二、落实措施，加大安全隐患排查力度

各地要按照国务院“隐患治理年”的部署，积极争取各级政府重视，主动协调、配合有关部门，强化安全隐患排查力度。各文物博物馆单位要集中人力、物力、财力，对确定的重点保护单位进行拉网式排查，要采取多种方式，加强监督检查，加大巡查力度，隐患排查实现制度化、规范化、经常化，对发现的安全隐患及时整改落实，文物安全保卫机构、队伍力量薄弱的单位必须立即从相关部门抽调人员，以充实加强自身力量。奥运会期间一些文物保护工程、考古工地等要停止施工，加强检查，确保安全。

三、制定预案，提高突发事件处置能力

要进一步切实加强文物安全防范工作，各级文物行政部门和各级文物保护单位、博物馆、纪念馆、考古研究所等文物收藏单位要全面、细致、科学地做好各种突发事件应急预案制定，提高对突发事件的处置能力。韩国崇礼门火灾事件教训深刻，由于疏于安全防范、保卫力量薄弱，火灾发生后，文物、消防部门不能及时应对，预案

不科学，责任不落实，行动不果断，耽误了灭火最好时机，造成文物灭失的惨痛后果。因此，我们一是要切实制定防火、防盗、防破坏等各项突发事件应急预案，加强与消防、公安等部门的预案衔接和演练，开放单位更要提高警惕、加强防范，特别是防止将易燃易爆、化学危险品等带入文物博物馆单位，防止破坏行为，确保游客和文物安全；二是要抓好本单位干部职工的思想工作，加大宣传力度，加强法制宣传和道德教育，排查分析本部门、本单位存在的矛盾和问题，积极解决遗留问题，防止矛盾激化或产生新的矛盾，防止矛盾上交，防止矛盾积累叠加，防止本部门、本单位人员参与滋事、制造极端事件；三是要加强对重点部位、重要岗位的管控，落实防范责任，加强实战演练，提高应急处置能力，保证奥运会期间文物博物馆系统安全稳定。

四、畅通渠道，及时准确上报各类案件

按照国家文物局《关于请及时上报文物案件和火灾事故的通知》等有关要求，各级文物行政部门要对文物火灾事故、文物被盗和被毁等文物案件和突发事件及时上报，不得延报、瞒报和谎报。国家文物局“文物安全与行政执法管理信息系统”是各地报送文物安全和执法信息的主渠道，今天是系统正式上线运行的第一天，各单位要建立制度，安排部署文物安全信息的收集、审核、汇总、发布等各个环节的工作，保证信息报送的及时、准确。各单位要及时把迎奥运的文物安全情况上报各级政府，既要报喜，也要报忧，文物安全工作必须得到地方政府的支持和领导。

维护国家安全和社会稳定，确保北京奥运会安全顺利举办，是一项刻不容缓的重大任务，使命光荣、责任重大、任务艰巨。我们

要树立文物安全无小事的意识，坚决防止火灾等安全事故的发生，确保文物博物馆系统安全稳定。

迎奥运文物安全工作会议

在河南省慰问文物公安派出所时的讲话

（2008 年 7 月 5 日 · 河南平顶山）

今天我很欣慰地看到文物公安干警精神焕发地守卫着中华民族的精神家园，战斗在文物安全的第一线。我谨代表国家文物局向你们致敬，并表示深切慰问和衷心感谢。

文物安全工作是文物事业繁荣发展的前提。河南的历史文化遗产十分丰富，但是同时带来的问题是文物违法犯罪案件相对高发。近年来，在省政府的高度重视下，省公安厅和省文物局建立了联合工作机制，加强了指挥、协调，各级公安机关加大了打击文物犯罪的力度，相继破获了一批重大案件，其中文物派出所也破获多起案件，打击文物犯罪卓有成效。

今年，省公安厅积极贯彻落实国务院有关文件精神，决定在文物集中和案件高发区域首批设立 15 个文物派出所，以后逐年增加，这是利国利民、造福后代的战略举措，将为河南的文物事业发展腾飞保驾护航。但是，目前全国文物安全形势依然不容忽视，因此要求我们不断在实践中分析总结经验，建立应对新形势下文物安全工作的长效机制。

（1）随着文化遗产内涵和外延的扩大，其形式更加丰富，文物违法犯罪的手段和形式也相应发生变化，在暴利的驱使下，犯罪分子不惜铤而走险，盗窃、盗掘、走私、破坏、非法买卖等案件时有发生，并向有组织犯罪方向发展；火灾和自然灾害也时有发生；城市化发展中一些急功近利的改造、建设项目，也给文物安全构成很大威胁。综合以上情况，在重点地区加快文物公安机构建设十分必要。

（2）奥运会即将来临，今年又逢博物馆、纪念馆免费开放，文物安全保卫工作必须万无一失，要加大打击文物犯罪力度，加强安全防范，提高快速应急反应能力，保障观众和文物的安全，为平安奥运贡献力量。

（3）文物公安派出所要加强针对文物博物馆单位的各类突发事件应急预案的制定和培训演练，加强检查指导，要和文物博物馆单位的预案紧密衔接，分工明确，责任落实。

我国是世界文明古国，丰富多彩的文化遗产是不可再生的宝贵资源，保护文物是造福人类的千秋功业，文物公安干警肩负重任。我希望大家再接再厉，在各级政府的领导下，与文物等各有关部门通力协作，进一步加大打击文物犯罪的力度，确保辖区文物安全。

慰问平顶山市郏县文物公安派出所

在全国文物系统文物安全大检查工作座谈会上的讲话

（2008 年 10 月 19 日 · 浙江余姚）

近两个月来，各地连续发生多起重大安全生产和食品安全事故，造成民众生命财产重大损失和极为严重的社会影响，安全形势极为严峻。同时我们也应看到，文物博物馆系统也不断发生盗窃、盗掘案件和火灾事故，给文物造成不可挽回的严重损失。为维护和保障文物安全，建立和落实文物安全长效机制，国家文物局决定在全国文物系统开展文物安全大检查，并全面启动 2008 年度行政执法专项督察。现在，我就开展文物安全大检查工作讲两点意见。

一、开展这次文物安全大检查的重要意义

在全系统开展文物安全大检查，是加强文化遗产保护能力建设和推进文化遗产事业科学发展的一项重要工作，要深刻领会和充分认识这项工作的重要性和紧迫性。

（一）文物安全关系着文化遗产事业成败，责任重于泰山

文物安全是维系文化遗产事业发展的生命线，是文化遗产工作的重中之重。保障文物安全是法律和事业赋予我们的使命和责任，是文化遗产事业科学发展的四项基础性工作之一，是维护社会安定、人民幸福的重要内容。这就要求我们要坚定不移地把文物安全放在所有工作的第一位。在这里我重申，我是全国文物安全的第一责任人，

在座的各位领导就是各省文物安全的第一责任人。责任重于泰山，我们绝不允许在文物系统由于不负责任、敷衍了事而发生文物安全事故。

（二）文物安全面临着巨大挑战和严峻形势

随着经济社会的快速发展，文化遗产事业面临着一些新的形势和变化。一是文化遗产保护的范围扩大，文物保护单位的形式更加多样，保护任务更加繁重。第六批全国重点文物保护单位共有 1080 处，使全国重点文物保护单位的总数达到 2351 处，博物馆的数量也几乎每年增加 100 座，特别是博物馆免费开放更给文物安全提出了更高要求。二是随着文物保护单位数量的逐步增多，许多单位都是居民生产生活的地方，保护基础相对滞后，保护难度可想而知。三是在工业化、城镇化、市场化迅速发展的背景下，损毁破坏文化遗产及其原生环境的现象频频发生，法人违法现象屡禁不止。2006 年，某单位在安徽省宣城市全国重点文物保护单位广教寺双塔保护范围和建设控制地带内擅自兴建了体量巨大的钢筋混凝土建筑，不仅破坏了地下建筑遗迹,还给文物的历史风貌和环境造成了恶劣的影响。在案件的处理过程中，当地政府始终存在侥幸心理，不依法办事，使得案件处理步履维艰。同时，文物盗窃、盗掘、走私等犯罪活动和安全事故不断发生，所暴露出来的问题触目惊心，必须引起我们对文物安全工作的高度重视。

（三）文物安全工作依然存在一些薄弱环节和突出问题

通过连续 3 年开展的文物行政执法专项督察，通过日常的检查和调研，通过上半年开展的迎奥运安全大检查，我们发现现阶段文物安全工作存在着一些全局性、突出性的严重问题。一是文物保护法律法规尚不完善，制度建设仍需加强。很多单位重制度建设、轻制度执行，各项规章制度往往流于形式。二是文物保存现状堪忧，尤其是馆藏文物，许多都是因为馆藏环境不达标，入库以后得不到妥善保护而自然损坏的。三是文物安全监管与执法机构不健全、队伍参差不齐。目前还有很大一部分省份没有专门的文物安全监管与执法机构，有的文物博物馆单位安全监管与执法人员素质较低，甚至最基本的常识和技能都不能很好掌握。在迎奥运安全检查中，我们对被检查单位的职工做了抽样问卷调查，结果仅仅一小部分职工能够准确地将应知应会的内容回答正确，更多的是模棱两可、似是而非，甚至根本没听说过，真正发生问题时是很危险的。四是安全防范设施、设备不同程度地存在不完善、不完备、不达标的情况。既有历史欠账太多、安防设施投入不足的问题，也存在安全管理工作薄弱的现象。五是文物系统应急管理能力较低、信息渠道不畅通。我们发现，绝大多数单位都制定了相应的突发事件应急预案，但是不同程度地存在内容过于原则化、操作性较差等问题。一部分单位缺乏对干部职工的安全知识培训和应急预案演练，应急处置能力不强等。2003 年年底发布的《国家文物局突发事件应急工作管理办法》中明确规定，国有文物事业单位必须在知道突发事件发生后或者应当知道突发事件发生后 2 小时内向所在地县级以上文物行政主管部门报告。县级以上文物行政主管部门应当在接到报告 2 小时内，向同级人民政府和上级文物行政主管部门报告，并同时向国家文物局报告。可实际情况是，许多地方不同程度地存在迟报、虚报、瞒报、谎报甚至不报的现象，贻误“战机”，人为地给事件的有效处理制造障碍。2007 年 6 月 26 日，甘肃省博物馆展厅内展柜维修时，将两件一级文物损毁。事后，甘肃省博物馆不仅隐瞒不报，并擅自对受损文物进行了修复，此事件后果严重，影响极为恶劣。今年 10 月

5日下午，就在离我们会场不远的金华市全国重点文物保护单位侍王府发生了恶性纵火案件，可国家文物局在规定时间内并未得到报告。为加强信息上报与管理，国家文物局于今年5月启用了“文物安全与行政执法管理信息系统”。可至今全国只有22个省份启用了该系统，且报送与使用情况不甚理想，并未达到预期效果。

针对上述情况，我们深感加强文物安全工作责任重大，形势十分严峻。在博物馆免费开放工作的关键阶段，在如火如荼开展第三次全国文物普查工作的紧要关头，在岁末年初工作最为繁忙的时候，我们组织开展这次文物安全大检查虽然增加了各级文物部门的工作任务，但是从保障事业发展的高度看，此项工作不仅十分重要，而且意义深远。

二、这次文物安全大检查的工作要求

今年以来，国家文物局就加强文物安全工作已连续下发了6个紧急通知，要求各地提高认识，发现并及时整改各类安全问题，采取积极有效的措施加强文物安全工作。这次开展的大检查，就是在以往要求的基础上，着重对文物安全工作开展一次深入彻底的调查研究，根据国家有关文物安全和消防、技防的标准，对当前文物安全工作做一次全面的科学评估。要通过这次大检查，充分暴露问题、排查隐患，以此了解文物安全工作现状，明确文物安全监管责任。在对解决安全隐患的具体措施定量测算的基础上，进行认真汇总，以便及时、准确、全面地向国务院和地方各级政府报告相关情况，争取让国家加大对文物安全长效机制的投入，设立专项经费。

（一）工作对象和内容

这次文物安全大检查重点针对世界文化遗产地、全国重点文物保护单位、重点博物馆等一级风险单位和已免费开放的博物馆、纪念馆等。检查的主要内容如下。

（1）文物、博物馆单位安全主体责任落实情况。其中包括：贯彻落实文物保护法律、法规情况；安全保卫机构和队伍建设情况；安全制度建设情况；应急机制和安全预案的制定与演练情况；安全工作经费投入情况；安全防范设施建设和达标情况；文物保护单位和馆藏文物保护现状；单位职工安全技能培训情况；突发事件信息报送情况。

（2）地方文物行政部门安全监管主体责任落实情况。其中包括：文物安全监管机构和队伍的配置情况；文物安全工作机制与制度建设情况；文物安全日常检查和监管情况；文物安全隐患排查治理情况，包括已经查出的重大隐患和问题整改治理落实情况；文物安全突发事件信息报送及“文物安全与行政执法管理信息系统”的上报使用情况；文物安全经费投入情况；一级风险单位安全防范和消防设施达标情况；文物安全联合执法情况。

（3）根据国家有关文物安全和消防、技防标准，全面掌握被检查单位的达标情况，深刻分析未达标单位的原因，在全面、科学评估的基础上，提出解决问题的工作方案，包括具体的经费需求。

（二）工作安排

国家文物局即将下发开展这次安全大检查的通知以及相关调查表。各地接到通知后，要认真组织、细致分析、全面总结，并认真填写相应的情况调查表。具体的工作内容如下。

（1）文物、博物馆单位开展自查。各文物、博物馆单位要对每一个环节、每一个岗位、每一项安全措施落实情况等进行全面彻底的自查。可以组织内部专业力量或者聘请专家协助进行全面排查。

针对发现的安全问题和未达标情况，要进行专题研究，提出解决问题的方案和经费需求。

（2）地方文物行政部门组织全面检查。地方各级文物行政部门层层组织开展本地区文物安全检查工作，通过现场检查、查阅资料、问卷调查和应急演练等方式，全面检查文物安全工作开展情况、隐患排查治理情况等。综合本地区文物安全情况存在的问题和解决方案，形成专题报告。

（3）国家文物局组织重点督察。国家文物局组成督察组，分别由国家文物局局领导带队，深入各地进行督促、检查和调研。

（4）汇总上报。为更加扎实地开展这次安全大检查，提供翔实、科学、准确的数据，国家文物局专门设计了相关的情况调查表，并于会前发给大家。希望大家在会上提交书面意见并充分展开讨论，对表格的内容提出修正意见。待会议结束后，国家文物局对表格进一步修改后将随开展文物安全大检查的通知下发。各级文物行政部门和全国各重点文物保护单位及重点博物馆等要对照检查的主要内容和情况调查表，认真总结、如实填写、按时上报，并提出加强文物安全工作的建议和需求，由省级文物行政部门汇总后，于11月20日前向国家文物局和省级政府报送总结报告。国家文物局将根据各地上报的情况分析总结后报告国务院，并提出加强文物安全工作的意见和经费需求。

（三）工作要求

各地要以这次文物安全大检查为契机，统一认识、明晰责任，摸清情况、排查隐患，深入调研、解决问题。要切实做到以下几点。

（1）切实加强领导。各地文物部门要充分认识开展这次文物安全大检查工作的重要性，切实加强组织领导。要切实改进工作作风，真抓严管，积极采取过硬措施，加强监督管理，为科学发展、安全发展提供有力保障。

（2）强化安全监管。地方各级文物行政部门，要督促文物、博物馆单位认真落实文物保护法律、法规，认真落实属地、分级管理原则，严格落实文物安全监管责任，杜绝盲区。要建立监督和激励机制，组织专业技术人员深入现场全面认真细致检查，确保检查不走过场、不留死角。

（3）制定工作规划。各地要以这次安全大检查为契机，进一步加强和规范文物安全工作。要通过对全国重点文物保护单位和重点博物馆安全达标情况的调研，提出国家加强文物安全工作的长期工作规划和近期工作方案，重点解决影响文物安全工作的关键问题，建立和落实文物安全长效机制。

保护国家珍贵的文化遗产是历史赋予我们的神圣使命，我们所做的工作意义深远，我们的责任重于泰山。因此，我们要坚持“安全第一、预防为主”的方针，加强防范，严厉打击，切实采取有效措施，把文物安全工作提高到一个新的水平，全面促进文化遗产事业又好又快科学发展。

构建文化遗产安全保障①

（2008年11月）

文化遗产安全是文化遗产保护的基本出发点，文化遗产事业的健康发展必须建立在保证文化遗产安全的基础之上。随着城市化进程的快速发展，违法建设、自然灾害、文物犯罪、环境污染等四大因素，使祖国文化遗产频频遭受破坏和损毁，一些不可移动文物和馆藏文物存在着巨大的安全隐患。为此，应积极推进文化遗产安全工作，探索建立文化遗产安全保障的长效机制。在文化遗产保护法制建设中，当前尤其要抓住建立文化遗产安全保障机制、加强文化遗产行政执法督察、提高文化遗产法制执行水平等关键环节，促进文化遗产保护能力建设。

一、建立文化遗产安全保障机制

尽管改革开放以来，我国在文化遗产保护方面的努力超过历史上任何时期,但是其间对于文化遗产的冲击也超过历史上任何时期。正所谓“前所未有的重视，前所未有的挑战”。尽管各级文物保护部门一直努力履行职责、强化行政执法，但是迄今为止，并不能认为已经有效遏止、克服和扭转了文化遗产保护所面临的被动状况。

① 此文发表于《从“文物保护”走向“文化遗产保护”》，天津：天津大学出版社，2008年11月。

应当承认，伴随城市化快速进程和大规模城乡建设，我国存在并仍然经历着文化遗产危机。在这一背景下，文化遗产的生存环境愈显恶劣，保护状况令人担忧。一些地方在土地开发和“旧城改造”中，重项目建设、轻文化遗产保护，公然违反文化遗产保护法律的有关规定，随意破坏、损毁文化遗产；一些地方在工程建设中，不依法履行报批程序，使一些县、市级文物保护单位甚至省级文物保护单位濒临灭失；一些地方擅自在文物保护单位保护范围或建设控制地带内私搭乱建，致使历史风貌和文化景观遭到破坏；一些地方存在重申报、轻管理，重开发、轻保护的问题，对文化遗产实行超负荷利用和破坏性开发；一些地方将国有文化遗产转让、抵押给企业作为资产经营，擅自改变文物保护单位体制和用途，导致急功近利、竭泽而渔、破坏文化遗产的恶性事件发生；一些地方盗掘古墓葬、盗窃馆藏文物、走私和非法交易文物等屡禁不止，火灾事故频发，安全防范水平亟须加强。一些地方领导法制观念和保护意识淡薄，在经济利益和政绩观念驱使下，甚至出现行政命令大于法律规定、领导意志高于国家意志的情况。

日前，一项关于自然与人为因素对世界遗产影响的调查结果表明，在影响世界遗产的诸多因素中，自然因素（风力、降雨、雷击、地震等）对世界遗产的损害只占10%；而人为因素对世界遗产的损害高达90%。人为因素包括：城市发展过快，遗产保护不能纳入城市发展规划，挤占遗产保护区；旅游发展过快，旅游人员过于集中，遗产地超负荷接待；改变遗产地保护管理性质，企业经营遗产；保护经费相对不足，面对日益恶化的环境无力实施保护；保护专业人员匮乏、设备短缺，无法进行及时监测与抢险保护等。一些保护管理单位人员经费和保护经费全部靠门票收入支撑的文化遗产保护单位，面对竞争激烈的旅游市场，为了基本生存，往往把主要精力放在扩大宣传、吸引游客和不断增加门票收入上，而忽视文化遗产保护，造成文化遗产的安全隐患；一些保护管理单位决策层面不能保持专业性和稳定性，更换频繁，相当比例管理人员缺少专业知识和保护意识，在文化遗产保护决策过程中，存在主观性和片面性，造成文化遗产的安全隐患；一些保护管理单位的工作人员不具备基本保护常识，缺少法律意识，在修缮和管理过程中不遵守基本的程序，存在随意性，造成文化遗产的安全隐患。

另一方面，文化遗产行政执法体制不顺畅，严重影响了执法和行政处罚力度和效能，致使一些违法事件不能依法得到严肃处理。文物行政部门的执法工作相对薄弱，不少地区执法机构不健全，执法岗位不确定，执法责任不明确。同时，缺乏对行政执法工作的检查、评估，导致评议考核制度不科学，责任追究制度难以落实。在这一背景下，有的地方文物行政执法机构缺少创新意识，对传统的执法方式依赖性强，执法效能低，执法成本高。有的地方政府和文物行政部门未能认真履行法律职责，存在有法不依、执法不严、违法不究、执法趋利现象，不能正确认识文物行政执法的重要性和严肃性。有的地方文物行政执法人员法律知识欠缺，不懂法、不学法，更谈不上依法执法，更有少数执法人员不能站在维护法律尊严、保护文化遗产的高度行使权力。有的地方在处理违法案件过程中，只对破坏状况进行纠正、整改，而对责任单位或责任人的处罚避重就轻，即使处罚也是不痛不痒，甚至以罚代刑。有的地方发现违法行为后，鉴于是政府部门或是领导行为，慑于权势，不敢执法，不敢坚持原则，未能依法给予处理。

面对当前文化遗产安全的严峻形势，各级文物行政部门必须坚持有法必依、执法必严、违法必究的原则，维护和捍卫法律尊严，竭尽全力保护文化遗产；必须敢于处理日益突出的法人违法事件，坚决依法办事，不怕碰硬、不惧强权，切实履行职责；必须加强文化遗产安全状况的监控，快速反应，严肃处理各类违法案件，继续加大督察重大违法案件的力度；必须加强执法队伍建设，健全执法责任制，做到执法有保障、有权必有责、用权受监督、违法受追究；必须建立有效的监督制度，接受社会公众和舆论监督，依靠当地政府和广大民众，深入基层发现问题、解决问题，提高执法水平；必须积极探索行政执法绩效评估机制、考核机制、奖惩机制，逐步推进文物行政执法工作的规范化；必须强化执法人员培训，实施持证上岗、年检考核，从根本上提高执政能力和执法水平；必须建立联合执法的长效机制，加强与公安、检察、监察、工商、海关、建设、规划、环境等部门的联系沟通，及时移交涉嫌犯罪案件；必须在严厉打击各类违法行为的同时，重点追究因决策失误、玩忽职守造成文化遗产破坏、被盗或流失的责任单位和责任人的法律责任；必须严格执行文物出入境审核、监管制度，严防珍贵文物流失，加强国际合作，探讨促使流失文物回归的综合途径。

二、加强文化遗产行政执法督察

针对文化遗产保护面临的新形势，近年来各级文物行政执法机构逐步建立，盗窃、盗掘、走私文物等违法犯罪活动得到进一步打击。通过加强与公安、海关、工商等部门的合作，防范和打击文化遗产领域犯罪活动的力度不断加大，协调配合所发挥的效能明显提高。针对田野石刻、古墓葬被盗的严峻形势，组织研制防止田野文物被盗的技术防范监控设施，并开始在部分全国重点文物保护单位运行。馆藏文物安全防范工作不断得到加强，一大批国家级和省级重点博物馆相继落成，使大量珍贵文物的保管条件得到了改善。通过加强文物行政执法培训，规范了执法行为。加强国际打击文物犯罪活动的双边及多边合作,积极推动与有关国家签署关于防止盗窃、盗掘和非法进出境文物的政府间双边协定。新修订的《文物保护法》，使地下埋藏的文化遗产受到了更加严格的保护，考古发掘工作得到了更加科学有效的规范和管理；馆藏文物的法律地位以及文物收藏单位和主管部门对馆藏文物的保护责任，有了具体明确的规定；民间收藏文物的权利与责任，作为文化遗产保护的重要内容得到了严格界定；文物市场得到了规范；文物出境许可制度有了进一步发展，文物进出境审核机构的法律地位得到了提升；对破坏文化遗产的违法和犯罪行为，规定了更为具体的预防和惩戒措施。

目前，我国文化遗产保护状况的监督管理尚未建立起有效的监测信息管理机制，一般依靠日常巡视检查和经验分析判断，而未建立在科学的监测指标收集和数据技术分析之上。要坚持科学执法，加强法律实施，维护法律尊严，就必须不断推进依法行政，不断改进执法监督，不断提高执法能力。在文物安全保障机制方面，要大力完善行政执法制度、应急保障制度、监督管理制度和责任追究制度等，改善文化遗产的生存环境，使安全风险及时得到化解，使违法者及时得到制裁。监督机制是否健全完善，直接影响和制约着依法行政的进程。近年来，国家文物行政部门持续开展文物行政执法专项督察，加强自身监督和社会监督，加强内部监督和外部监督，加强事前、事中、事后监督。通过开展行政执法专项督察，完善文化遗产领域各项基础工作，推进各级文物部门依法行政能力，推进各文物、博物馆单位依法办事能力。通过开展行政执法专项督察，加大针对重点案件的执法力度，集中处理和解决一批破坏文化遗产的重大恶性违法案件，震慑文物犯罪和违法行为。

在建立文化遗产安全保障机制的任务中，加强专业执法队伍建设，建立和完善打击文物犯罪活动的统一协调机制尤为关键。在打击文物犯罪活动方面，目前我国现有的执法机构主要是公安、海关、工商及其所属部门和单位。长期以来，这些机构在打击各种文物犯罪活动方面发挥了重大作用。但是，由于我国公安、海关、工商等部门所承担的打击其他各种犯罪活动和维护社会治安、市场秩序的任务极其繁重，一些部门在打击文物犯罪活动时往往因为人员紧张、经费困难和业务知识欠缺而难以全力以赴，在公安、海关、工商部门与文物行政部门之间也缺乏有效的统一协调机制。意大利所采取的“文物宪兵”体制对于文化遗产大国具有示范作用，目前欧盟各国也都在积极研究采纳这种模式。虽然我国国情不同，但是这一做法对于我国加强文化遗产保护也具有参考价值。随着当前打击文物犯罪的任务日益紧迫，针对文物犯罪活动逐渐呈现集团化、专业化、暴力化和国际化趋势的特点，我国也应考虑在现有公安、海关、工商部门中，组成相对稳定和专业的文物安全执法队伍，在打击文物犯罪活动时发挥统一协调指挥的作用。

确保文化遗产安全是各级文物行政部门的重要职责，是开展文化遗产保护工作的前提，也是检验和衡量文物行政部门执政能力的重要内容。由于监测手段落后和管理措施滞后，往往使文化遗产付出不应有的损失和代价。2008 年 2 月 11 日凌晨，位于韩国首都首尔市中心，有着 600 多年历史，被韩国政府定为国宝的崇礼门，在熊熊大火中毁于一旦。据报道，这处珍贵文化遗产毁于人为纵火。崇礼门在夜间处于虽然设防，但“无人警备”的状态，文物本体没有设置火灾警报器，灭火装置也严重不足，这些都暴露出相关部门对文化遗产保护措施不严、监管力度不够、应对突发事件能力低下的严重问题。这一事件也引起全球文化遗产保护领域的高度警惕。类似的问题也曾在我国发生，例如2003年1月19日夜间，武当山遇真宫主殿被烧毁，起因于在文物建筑中违法搭设照明线路及灯具而引发火灾，同时暴露出管理部门擅自改变文物建筑使用性质以及文物行政部门依法管理和监督不力。因此，转变文化遗产管理思路，改变文化遗产管理方式，建立有效的文化遗产管理体制与机制，实现文化遗产管理制度化、规范化、程序化，在文化遗产规划、决策、监测、维护和日常管理等方面增强科学性，可以有效弥补我国文化遗产保护在经济条件和科学技术方面支撑不足的状况，达到更有效地科学保护与合理利用的管理目的。

三、提高文化遗产法制执行水平

进一步提高和加强文化遗产法制执行能力，是新时期各级文物行政部门的重要任务。必须按照依法治国方略，切实依法履行职责，强化法制观念和文化遗产保护意识，维护文化遗产法律的尊严，严格依照法律、法规的各项要求，通过各种有效形式和途径管理文化遗产，保障文化遗产保护的各项工作依法进行，逐步实现文化遗产事业发展的制度化、法律化。同时，各级文物行政部门要切实履行职责，依法要求各级政府在决策涉及文化遗产保护的工作时能够依法决策、合理决策、科学决策；各级文物行政部门要依法配合公安、海关、工商等相关执法部门，有协作、有分工，既促进经济社会发展，又推动文化遗产事业发展。各级文物行政部门要提高各文物、博物馆单位依法办事的水平和自觉性，引导各单位积极主动地依照法律、法规要求开展工作，避免挪用、侵吞文化遗产的事业性收入，避免无意识的破坏、损毁文化遗产，避免以不合法方式利用文化遗产牟利，避免将文物保护单位交由企业或其他营利性组织经营开发。

我国文化遗产管理制度，现已成为激烈的改革争议焦点。当前文化遗产管理体系，就横向而言，呈多部门多系统管理架构，从而使整个管理体制过于分散，管理标准难以统一；就纵向而言，管理责权不明确、重点不突出。这一切均不利于文化遗产保护质量的提升。对于文化遗产管理体系，应根据文化遗产保护等级进行行政管理制度设计，实现各级文物行政部门责权统一。其中，国家文物行政部门应强化对高级别文化遗产的督察及对其管理绩效的定期评估，其内容应包括世界文化遗产、全国重点文物保护单位、国家历史文化名城和名镇及名村、国家重点博物馆、珍贵馆藏文物等。保护规划是科学决策的蓝本。在文化遗产保护管理决策方面，必须严格按照既定的保护规划要求开展工作，依据保护总体规划、控制性详细规划、近期实施规划等层次组织实施，并辅之以公众参与、环境影响评估等手段，注重实施效果的信息反馈，确保文化遗产保护管理决策建立在科学、严谨、有效的基础之上。要推进各级文物行政执法机构建设，提高主动执法和文明执法意识，严格执法程序，规范执法行为，提升执法水平。必须加强文物行政执法培训，开展持证上岗和年检制度；必须落实行政执法责任制，真正实现有权必有责、用权受监督、违法受追究；必须积极探索行政执法绩效评估机制和整改机制，研究制定考核制度，建立奖惩机制；必须建立联合执法的长效机制，加强执法信息交流，构建文物行政执法动态网络。

当前，限于经济发展水平，政府财力远远不能满足文化遗产保护的需要，特别是经济落后地区更难以对文化遗产保护提供经费支持。同时，目前保护资金来源渠道狭窄，严重依赖政府财政，民间资金投入文化遗产保护未形成规模。保护经费短缺的直接后果是大量文化遗产保护措施不能及时落实，小病拖成大病。因此，在文化遗产保护的法律体系中有必要充实有利于社会参与的内容。同时，在国家层面，随着有关继承方面的法律不断完善，促进更多的可移动文物进入各级各类博物馆,使更多的社会资金用于文化遗产保护。随着有关捐赠方面的法律不断完善，保护捐赠者和受赠者的合法权益，使捐赠行为不再只是属于感情或道德范畴，而对于捐赠者在税收方面的优惠政策，则会使人们更加乐于赞助文化遗产事业。在这些国家法律、法规相继出台的环境下，文物部门应及时研究制定从文化遗产保护实际出发，有利于动员全社会参与文化遗产事业的各项法规以及优惠政策，应提倡企事业单位或私人出资用于文化遗产保护，逐步减缓文化遗产保护经费严重不足的状况。同时，在社会参与文物保护的具体工作中，要强调依法办事，随着法律的制定和完善，各级文物部门要善于运用法律的、行政的手段规范和引导实施保护的方式方法，使这一工作在法制、科学的轨道上正常运行。

在甘肃和政古动物化石保护协调会上的讲话

（2008年12月30日）

和政地区的古动物化石及含化石地层是我国动物演化和现生动物起源、古环境、古气候变化，特别是青藏高原隆升历史的十分珍贵的第一手资料，是重要的科学研究资源，也是进行科学普及和爱国主义教育的重要载体。保护好这批珍贵的自然遗产，是我们的共同职责。

在国土资源部、中国科学院、甘肃省等的支持下，和政古动物化石博物馆一期于2003年建成，二期于2006年建成，现有馆舍建筑面积8000余平方米，全馆藏品30000余件，展出标本1200余件，正在努力发挥博物馆保护、传播自然遗产的功能，逐渐成为有关古动物化石标本研究和科普教育的重要基地，并对地方经济文化发展产生了积极的推动作用。

建议甘肃省指导地方政府根据和政地区古动物化石资源保护、研究、展示的实际需要，加强调查研究，紧紧围绕古动物化石标本保护、研究、科普等核心职能，邀请专家充分论证，制定好博物馆的发展战略规划和实施计划。该馆扩建项目，应按照国家关于基本建设的规定，向国家基本项目管理部门申请支持，国家文物局可以帮助协调。

中国科学院古脊椎动物与古人类研究所是我国古生物化石领域

的权威研究机构，拥有一大批从事古脊椎动物化石研究的国内外著名专家，自20世纪60年代以来，为保护和政古动物化石、建设相关博物馆，已经与地方政府建立了良好的合作关系。请甘肃省进一步加强与中国科学院古脊椎动物与古人类研究所的合作，请古脊椎动物与古人类研究所加大专业支持力度，特别是在化石标本保护、学术研究、陈列展览、人才培养和组织管理等方面提供更多帮助。

国土资源部是国家古动物化石的行业主管部门，建议进一步加强行业指导，按照国家地质公园建设标准优先支持和政古动物化石博物馆的发展，对该馆扩建及有关化石标本抢救、保护、展示、研究等项目给予扶持。

请甘肃省文物局和国土资源部切实加强指导协调，当地政府抓紧博物馆建设规划与陈列展示等相关科研报告的编制。国家文物局和国土资源部、中国科学院古脊椎动物与古人类研究所，将组织有关专家对此项目的科研和陈列方案进行指导和科学论证。

关于设立国家文物安全专项经费的提案[①]

（2009 年 3 月）

为全面加强文化遗产保护能力建设、推进文化遗产事业科学发展，2008 年下半年，全国文物系统集中力量，进行了为期 50 天的文物安全大检查。这是中华人民共和国成立以来规模最大、范围最广的一次文物安全专项检查行动，完成了 85% 的全国重点文物保护单位和 58% 的重点博物馆的安全检查，内容包括安全防范设施、队伍及管理情况，共采集数据近 50 万条。检查的结果表明，文物安全存在巨大隐患，形势十分严峻，情况不容乐观。

首先，我国文物保护范围和领域不断扩大，文物安全工作任务更加艰巨。根据第二次全国文物普查，我国共调查登记不可移动文物 40 余万处，截至 2008 年年底，正在开展的第三次全国文物普查，又新发现不可移动文物 16 余万处；2006 年 5 月，国务院公布了第六批全国重点文物保护单位共有 1080 处，几乎达到了前五批全国重点文物保护单位数量的总和。目前，我国有世界文化遗产 26 处，世界文化与自然混合遗产 4 处；全国共有 2400 余座博物馆，博物馆的数量还在以每年 100 余座的速度增加；馆藏文物 2000 万件（套），

① 此文为在全国政协十一届二次会议上的提案，联名提案人：夏燕月　董良翚　朱世慧　胡珍　詹祥生　王霞　赵汝蘅　冯英　田青　倪萍　滕矢初　阿拉泰　黄宏　王刁三　李延声　王成喜　王次炤　余辉　吴玉霞　刘敏　张柏　宋春丽　李维康　关牧村　冯小宁　汪文华　侯露　于魁智　冯远　席强　刘锡津　田军利　吴祖强　吕章申　张廷皓　王川平　张平　王兴东　吴为山　宋雨桂　邰丽华　张和平。

随着考古发掘和文物征集成果的扩大，馆藏文物不断充实；博物馆免费开放使观众数量急骤增加，2008 年观众总数已经超过 2 亿人次。所有这一切都进一步加大了文物安全工作的任务。

河南嵩阳书院

其次，安全防范设施严重短缺，文物犯罪手段不断升级。据统计，按照公安部和国家文物局制定的安全防范设施配置和质量标准，被调查的 2012 个全国重点文物保护单位中，防盗、防火、防雷设施的达标率分别仅为 21.78%、27.39%、45.21%；246 家重点博物馆中，防盗、防火设施的达标率分别为 55.28%、50.41%。这表明大部分全国重点文物保护单位和重点博物馆的安全防范设施配置严重不足，而且已有的安全防范设备也存在质量不高和设备老化的问题，大多依靠工作人员严防死守，防护能力和抵御风险能力较差。全国重点文物保护单位和重点博物馆尚且如此，其他各级文物保护单位和一般博物馆安全防范设施配备情况可想而知。2006 年至 2008 年，国家文物行政部门共接报全国文物行政违法案件544起，损害文物建筑、占压大遗址、损毁古墓葬、破坏文物原生环境的现象时有发生。据公安部门统计，全国每年破获文物犯罪案件2000余起，一些文物犯罪活动呈现跨区域、跨国境特点，犯罪手段呈现专业化、暴力化、集团化趋势，危害极大。

目前，当务之急是加大文物保护单位和博物馆安全防范设施配备的经费投入，首先全面解决全国重点文物保护单位和重点博物馆等文物收藏单位的安全防范设施建设问题。根据被调查单位的初步统计，全部完善接受调查的2012个全国重点文物保护单位和246家重点博物馆的安全防范设施，资金需求共计42.89亿元。其中，全国重点文物保护单位防盗设施建设需19.69亿元、防火设施建设需12.34亿元、防雷设施建设需5.25亿元，重点博物馆防盗设施建设需3.06亿元、防火设施建设需2.55亿元。而目前每年由国家财政投入的文物安全设施建设经费仅为0.5亿元，资金缺口巨大。

为此，建议国家设立文物安全专项经费，加大投入力度，按照《国务院关于加强文化遗产保护的通知》提出的2010年文化遗产保护状况得到明显改善、2015年文化遗产得到全面有效保护的目标，争取在2015年前完成所有全国重点文物保护单位和重点博物馆的安全防范设施建设。

关于加强流失文物追索工作的提案①

（2009 年 3 月）

保护文化遗产，促进文物返还原属国，是人类社会正义和文明发展的必然趋势，是国际社会的高度共识，是各国政府义不容辞的文化责任。联合国教科文组织 1970 年《关于禁止和防止非法进出口文化财产和非法转让其所有权的方法的公约》和国际统一私法协会 1995 年《关于被盗或非法出口文物公约》正是这些共识的集中体现。在国际公约的框架下，一些国家通过国际合作追索非法流失的文物，取得了实质性的进展。如意大利政府从美国盖蒂博物馆、纽约大都会艺术博物馆成功追索被盗文物，德国向津巴布韦归还大津巴布韦遗址的皂石鸟，都在国际社会中引起了强烈反响。通过国际合作实现文物返还已经成为世界范围的文化潮流。

我国是历史悠久的文明古国，拥有丰富的文化遗产。但近代以来，由于列强在历次侵华战争中的掠夺以及盗窃、盗掘和走私等原因，大量中国文物非法流失出境，使我国的文化遗产受到了严重的损失。我国政府重视文物非法流失问题，积极开展文物追索工作。在中华人民共和国成立以后，立即建立了文物出境管理制度，扭转了中国

① 此文为在全国政协十一届二次会议上的提案，联名提案人：吕章申　陈晓光　张会军　刘大为　王川平　詹祥生　滕矢初　刘敏　侯露　冯骥才　赵维绥　龙瑞　杨力舟　张学津　赵秀云　陈力　夏燕月　王文章　吴为山　余辉　何水法　卞晋平　魏迎宁　苏士澍　杨多良　李东东　李扬　王先琼　王众孚　王亚保　田青　陈祖芬　耿其昌　傅磬　陈立德　董良翚　陈维亚　田军利　魏积安　马博敏。

文物大量流失的局面。在公安、海关和文物等有关部门的严厉打击下，初步遏制了文物犯罪活动猖獗的势头。

我国于1989年加入了联合国教科文组织1970年公约，1997年加入了国际统一私法协会1995年公约，先后与秘鲁、印度、意大利、菲律宾、希腊、智利、塞浦路斯、委内瑞拉、美国等国签署了防止盗窃、盗掘和非法进出境文物的双边协定。我国政府依据国际公约和双边协定，通过国际合作多次成功追索了非法流失境外的中国文物，充分显示了我国保护文化遗产、维护文化主权和国家利益的坚定立场，赢得了国内外社会各界的理解和尊重。

但是，我们必须看到，近二十多年来盗掘、走私文物的现象在一些地区还相当突出，走私或通过其他非法渠道出境的中国文物为数不少，加之历史上非法流失境外的大量中国文物，使得我国文物追索工作任务极为繁重和艰巨，也面临着许多问题和困难。例如文物追索工作往往涉及国内、国外众多的机构、个人，涉及国际关系以及复杂的法律和利益关系，需要做大量、长期、细致的基础性工作。目前，我国专门负责文物追索以及文物进出境审核管理工作的机构、人员力量薄弱，中央和地方共建的国家文物进出境审核管理机构在人员、经费、技术等方面都需要加大投入，国内法律与相关国际公约还未能完全接轨，对流失文物背景情况相关的调查研究等基础工作亟待加强。

为了加强非法流失海外的中国文物的追索工作，促进流失文物回归祖国，特就此提出如下建议。

一、建立健全文物追索工作机制

建议国务院组织有关部门对文物追索的工作机制进行深入调

研，并就加强和改善相关工作采取相应措施。如根据追索工作的实际需要，由国务院设立各有关部门参加的文物追索工作协调机构，明确牵头单位和各有关部门的职责。在文物追索工作中，统一协调政府各有关部门的相关工作，提高决策效率和执行力度。在有关部委中设立相关部门和研究机构，专职负责文物追索的具体行政事务和研究工作，提高我国在文物追索方面的管理水平和研究水平。同时，在社会公众中大力宣传我国有关文物保护和文物追索的方针政策、原则立场，积极鼓励和引导社会公众参与文物追索工作的热情和行动,使政府部门和民间力量追索流失文物的工作能够相互呼应、形成合力。

二、加强文物进出境管理

在积极追索历史上流失文物的同时，首先应当做好国内现有文物的保护管理工作，把好国门，防止出现新的文物流失。我国已经在各省市设立了 14 个国家文物进出境审核管理处，建立了一支经验丰富、忠于职守的文物鉴定审核人员队伍。但机构建设薄弱，人员十分紧张，全国总共只有 116 名专职鉴定员，远远不能满足文物进出境审核管理的工作需要。鉴于这些管理处履行文物进出境审核的行政职能，配合海关进行文物进出境管理，建议中央编制部门参考海关部门的管理体制，研究将这些管理处纳入国务院有关部门直接管理单位，适当增加专业人员编制。建议中央财政加大对文物进出境审核方面的投入，保障其必要的业务工作经费。同时，有关部门应加强文物进出境审核机构的人才培养，引入网络信息管理技术，实现文物进出境的科学化、信息化、规范化管理。

三、完善法规体系建设

建议我国加快关于打击盗窃、盗掘和走私文物犯罪活动的相关法规建设。尤其是针对近年来我国文物追索工作中有关国家多次向我国提出的出土文物、文物交易、水下文物保护、文物进出境管理等问题，及时修订、完善原有的法律规定，或制定专项法规。同时，我国已经签署的国际公约的有关规定也应以国内法规的形式予以明确。通过不断健全文物保护的国内法规体系，为依法追索流失海外的中国文物，提供更加有力的国内法规支撑和依据。

四、加大流失文物调查工作力度

建议有关部门将流失海外的中国文物调查列为国家重大研究课题，编制课题执行的长期规划。组织国内专业机构，有计划地开展中国流失文物的专题调查研究，全面收集、整理和研究流失海外的中国文物有关情况，准确掌握流失文物的基本面貌和重点文物的翔实信息，为文物追索和相关领域的研究工作提供重要的基础信息和研究平台。

关于开展文物建筑和博物馆消防安全专项检查的提案①

（2009年3月）

2008年2月11日凌晨，位于韩国首都首尔市中心，有着600多年历史，被韩国政府定为国宝的崇礼门，在熊熊大火中毁于一旦。据报道，这处珍贵文化遗产毁于人为纵火。崇礼门在夜间处于虽然设防，但“无人警备”的状态；文物本体没有设置火灾警报器，灭火装置也严重不足，这些都暴露出相关部门对文物保护措施不严、监管力度不够、应对突发事件能力低下的严重问题。这一事件引起全球文物保护领域的高度警惕，也给我国文物保护工作敲响了警钟。为此，国家文物局有针对性地及时下发了《关于加强文物消防工作的紧急通知》等一系列通知。公安部领导也做出重要批示，要求各地消防部门切实加强我国古建筑的火灾预防、消防工作，凡是有文物建筑的地方当年内要完成消防预案的制定。

安全工作是文物工作的生命线，确保文物安全是各级文物行政部门和文物工作者的神圣职责，是开展文物保护各项事业的基础和前提。当前，文物建筑和博物馆消防安全工作面临着新的挑战。通过近期开展的文物安全检查，发现一些文物建筑和博物馆的消防安全工作

① 此文为在全国政协十一届二次会议上的提案，联名提案人：吕章申　陈晓光　张会军　刘大为　王川平　詹祥生　滕矢初　刘敏　侯露　冯骥才　赵维绥　龙瑞　杨力舟　张学津　赵秀云　陈力　阿拉泰　夏燕月　王文章　吴为山　何水法　卞晋平　魏迎宁　苏士澍　杨多良　李东东　李扬　王先琼　王众孚　王亚保　田青　陈祖芬　耿其昌　傅馨　陈立德　董良翚　陈维亚　田军利　魏积安　余辉。

存在诸多薄弱环节和隐患。例如：有的文物建筑的保护范围内存放着易燃、易爆物品，搭建有易燃建筑；有的在文物建筑内使用电热器具和煤气、石油液化气等固定用火设施；有的在未被开放为宗教活动场所的文物建筑内烧香、点灯、烧纸；有的未经批准在文物建筑内拍摄影视作品、办展销会；有的在文物建筑内违反技术规程引入电源或增加电气设备；有的在进行文物建筑修缮施工前，缺少消防安全预案；有的文物建筑未按规定配置消防给水设施；有的文物建筑未安装完善有效的避雷设施，等等。同时，有的文物建筑和博物馆没有按规定配置自动消防报警和自动灭火装置及消防器材；有的用电线路年久失修，超负荷运转；有的文物建筑和博物馆周围缺少消防通道，消防车难以靠近。有的文物建筑管理、使用单位和博物馆未按规定实行防火责任制；未根据《消防法》的要求，配备专职或兼职防火责任人员，组织义务消防队；未定期组织开展防火演练，进行防火宣传教育。

山西平遥城墙

文物建筑是国家重要的文化遗产，博物馆是国家文明的重要标志。防止文物建筑和博物馆的火灾事故发生是文物安全工作的重中之重，也是检验和衡量各级消防和文物行政部门执政能力的重要内容。要深刻汲取消防安全事故教训，切实加强文物与消防部门的联系沟通，加大安全隐患整改力度，防止各种火灾事故的发生。当前，由于监测手段落后和管理措施滞后，往往使文物付出不应有的损失和代价。因此，要转变管理思路，改变管理方式，建立有效的管理体制与机制，实现文物消防安全管理制度化、规范化、程序化，加强文物火灾事故的预防，开展文物火灾事故风险评估，建立文物火灾防范的标准体系。同时，在文物保护规划、决策、监测、维护和日常管理等方面增强消防安全意识和科学性，最大限度地将当前文物火灾防范的先进科研技术、先进设施设备应用到文物建筑和博物馆的消防安全工作之中，有效弥补我国文物保护在经济条件和科学技术方面支撑不足的状况。

为了保护祖国文化遗产安全，加强文物建筑和博物馆的消防安全工作，要认真贯彻《文物保护法》和《消防法》，贯彻从严管理、防患未然的原则，充分认识文物消防工作的重要性，提高消防安全意识和法制意识，客观分析当前文物消防安全工作存在的主要问题及原因，找准文物保护工作与消防安全工作的有效结合点，采取安全可靠、技术先进、科学合理、切实可行的消防技术保障措施和管理方法，建立防火安全责任制和消防安全制度，加强消防安全管理，消除火灾隐患，切实做到消防安全制度到位、责任到人，确保文物建筑和博物馆的安全。

随着我国文化遗产保护范围不断扩大和博物馆免费开放后观众数量的增加，文物建筑和博物馆消防安全工作面临的形势更加严峻。近期国家文物局对 2012 处全国重点文物保护单位和 246 座重点博物馆的消防基本情况进行了调查分析，当前文物消防安全形势依然十分严峻，其中全国重点文物保护单位经过公安消防机关验收的单位只占总数的 27.47%，重点博物馆经过公安消防机关验收的占总数的 55%。根据公安部的有关规定，博物馆和具有火灾危险性的文物保护单位是消防安全重点单位，必须实行严格管理。

为此，建议由公安部牵头，会同国家文物局，组织开展一次全国性文物建筑和博物馆消防安全专项检查，依法加大监督检查力度，加强监管，集中治理，切实消除各类火灾隐患，严防人为纵火和其他火灾事故的发生，加强火灾隐患的整改，加强消防安全工作的宣传，进一步推动落实消防安全责任制，切实加强各项消防安全工作，深入分析火灾形势，加强对消防安全的预评估，增强预见性，提高防范能力，坚决预防和遏制重特大火灾事故的发生，确保文物安全和人民生命财产安全。

在国家文物局、公安部、海南省政府联合表彰潭门边防派出所大会上的讲话

（2009年4月30日）

今天，我们在这里召开表彰大会，表彰在保护南海水下文物工作中做出突出贡献的潭门边防派出所。首先，我谨代表国家文物局，向多年来一贯高度重视文物保护工作的海南省政府、公安部表示衷心的感谢，向今天受到表彰的潭门边防派出所表示祝贺，向战斗在保护南海文物第一线的边防官兵、公安干警、文物工作者表示崇高的敬意！

海南省是我国最大的海洋省，管辖海域面积达200多万平方千米，约占全国海域总面积的三分之二，水下文物是海南省最具特色的文化遗产资源。经过近年来的调查，在西沙海域已发现沉船遗址就有50多处。据专家估测，在南海有古沉船近千艘。南中国海文化遗产安全形势严峻，保护任务艰巨，尤其近几年来不法分子对南中国海沉船的盗掘活动给我国文化遗产带来极大的损失，引起了社会的广泛关注。面对严峻的形势，海南省边防官兵主动出击、协同作战，与不法分子进行坚决斗争，有力打击了盗掘、贩卖南中国海水下文化遗产等违法犯罪行为，为保护南中国海水下文化遗产安全做出了积极的贡献。

我们必须清醒地看到，犯罪分子一刻也没有停止对南中国海水下文化遗产的破坏，打击盗掘、贩卖水下文物的违法犯罪活动，保

障水下文化遗产安全，仍是一项长期而艰巨的任务，我们必须警钟长鸣、常抓不懈。为激励边防派出所全体官兵，国家文物局、公安部、海南省政府决定授予潭门边防派出所“文物保护特别奖”，国家文物局给海南省潭门边防派出所颁发奖金 30 万元。

海南潭门边防派出所表彰大会

我们希望海南公安边防和文物行政部门再接再厉，更好地承担起保护文化遗产安全的神圣职责。我们坚信，在海南省政府的正确领导下，在公安部的支持下，通过全省边防官兵和文物工作者的共同努力，南中国海水下文化遗产安全工作必将取得更大成绩。

在长沙市古墓葬被盗案件侦破总结表彰大会上的讲话

（2009年7月31日·湖南长沙）

今天，湖南省政府和国家文物局在这里联合对长沙“12·29”古墓葬被盗案件的侦破工作进行表彰。

去年下半年以来，在长沙市岳麓区、天心区、浏阳市、望城县、长沙县等地先后发生多起古墓葬被盗恶性案件，涉案人员60余人。这起有预谋、有组织的恶性盗掘古墓葬的犯罪行为，极大地破坏了祖国珍贵的文化遗存。湖南省对此高度重视，省领导及时做出重要指示。长沙市也紧急部署力量，积极开展侦破工作。在案件侦办过程中，公安部和国家文物局联合组成督察组多次亲赴长沙实地督察。在湖南省公安厅的指挥下，长沙市公安局专门成立了“12·29”古墓葬被盗案件专案组，与省、市文物部门密切配合，克服重重困难，跨省市、跨区域，逐步加大侦破打击力度。目前，主要涉案人员已全部批捕归案，收缴的涉案文物也已经正式移交，并于今天上午正式移交文物部门，开始向公众展出。

近年来，随着文化遗产保护领域的不断扩大，文物安全工作任务更为艰巨，文物安全形势十分严峻。一些文物犯罪活动跨区域、跨国境，手段专业化、暴力化、集团化，危害极大。同时，在当前大规模的城乡建设和基础设施建设中，一些地方不能正确处理文化遗产保护与经济发展的关系，导致伤害文物建筑、占压大遗址、损毁古墓葬、破坏文物原生环境的现象时有发生。国家文物局和各级文物部门在公安部门的大力支持下，近期在打击文物犯罪、保障文物安全方面采取了一系列积极措施。

一、开展全国文物系统安全大检查

2008年下半年，国家文物局部署全国文物系统集中力量，进行了为期50天的文物安全大检查。这是中华人民共和国成立以来规模最大、范围最广的一次文物安全专项检查行动，完成了绝大部分的全国重点文物保护单位和重点博物馆的安全状况调查，内容包括安全现状、安全防范设施建设、机构和队伍建设及管理情况，共采集了近50万条数据。通过这次检查，我们认为文物安全存在巨大隐患，情况不容乐观。一方面，各类文物违法犯罪案件屡禁不止，文物安全任务日益繁重；另一方面，各文物、博物馆单位文物安全基础薄弱，安全设施建设严重滞后。接下来，我们将进一步深化文物安全大检查的既有成果，通过信息化等手段登录和校验各单位的安全数据，逐步实现数据的实时更新，并开展实地督察工作，对数据的真实程度进行检查。

二、开展全国重点地区文物犯罪专项打击活动

近年来，公安和文物部门密切配合，有力实施打击文物犯罪活动。例如：安徽“3·25”特大盗掘、倒卖、走私文物专案；河南巩义盗窃宋陵石刻文物案件；福建平潭盗捞、走私、倒卖碗礁一号沉船文物案件；海南潭门盗捞、走私、倒卖水下文物案件，等等。在国务院的统一部署下，经过认真研究，国家文物局和公安部于今年下半年开始在文物犯罪活动高发地区布置开展文物犯罪活动专项打

击活动。目前，正在开展专项打击活动的前期调研工作，为更加有效地开展下一步工作做好前期准备。我们准备集中力量重点破获一批恶性文物犯罪案件，打掉一批文物犯罪团伙，抓捕一批文物犯罪分子，积极追缴被盗窃、盗掘的珍贵文物，坚决打击犯罪分子的嚣张气焰，扭转文物犯罪案件屡禁不止的被动局面。

三、继续加大文物安全监管和行政执法督察工作

今年3月，为加大文物安全工作，国务院批准国家文物局增设督察司，专门负责拟定文物行政执法督察和案件查处的有关规定；组织开展文物行政执法、文物和博物馆安全保卫督察工作；协助配合有关部门查处文物犯罪重大案件。与此同时，各地不断加强文物安全监管与行政执法机构建设。目前，全国31个省、自治区、直辖市均成立了专兼职的省级文物安全监管与行政执法机构，并且有很多地、县级城市也成立了专门的文物安全监管与行政执法机构。自2005年以来，国家文物局每年在全国布置开展行政执法专项督察，现已对26个省市的287个全国重点文物保护单位和重点博物馆进行了实地督察，并重点督办和查处了11起情节严重、性质恶劣的重大文物行政违法案件。

四、逐步建立文物安全与行政执法公告、公示体系

信息公开是促进依法行政、提高政府工作透明度的有效举措。目前，国家文物局正在研究制定《文物安全与行政执法信息上报及公告办法》，旨在通过公告制度，形成长效监督制约机制，推动地方各级文物行政部门依法落实行政执法责任制，警示、震慑文物犯罪和违法违规行为，推进行政执法与安全监管能力建设和工作水平。

公告初步分为专项通报、季度通报和年度报告三种形式，将有关情况通报各地和各部门，并及时通过新闻媒体向公众公布。

五、进一步加强部门合作和区域合作

实践证明，部门合作和区域合作是推动文物安全工作的重要保障。按照国务院的安排，国家文物局正在牵头，会同公安、海关等部门，建立全国文物安全工作部际联席会议制度，各部门形成合力，共同研究加强文物安全的政策措施，形成文物安全工作协调体系，建立文物安全工作长效机制。同样，保障文物安全也离不开区域间的交流合作。今年，一些地区文物部门已率先建立了区域性的文物安全工作沟通协调机制，初步实现联防联治。近期，包括湖南省在内的中南地区文物部门也将就加强文物安全和行政执法工作召开片区会议，研究建立协调机制。在部门合作和区域合作的基础上，我们将进一步构建全国文物行政执法和安全监管信息网络与信息共享机制，逐步实现互通互联、上下贯通的信息沟通与交流。

六、构筑文物安全与执法预防体系

一方面是加大文物安全防范设施建设投入力度。今年，财政部将国家文物局原有的文物安全防范设施建设专项经费增长一倍，提高至9000万元。今后，随着财政收入的增长还将逐年增加。为配合“12·29”案件侦破工作，国家文物局在长沙周边的古墓葬中，选取了一些重要的保护项目，加大投入力度，建设“地下拾音”安防系统。另一方面，我们将于明年开始着手研究建立文物安全与执法预防体系，既要充分发挥文物部门原有的工作职能，继续加强巡查、检查力度，引导、鼓励全社会参与，加强群防群治，加强事前监督；

另外还要积极研究新技术应用，提出文物安全与行政执法监测体系的可行性方案，在全国选取重点地区，开展试点工作。

保障文物安全是一项长期而艰巨的任务，是我们责无旁贷的工作职责，也是保障国家文化安全和确保祖国珍贵的文化遗产免遭侵扰破坏的重要内容。湖南是我国文化遗产大省，近年来文化遗产保护和博物馆建设取得了令人瞩目的成绩，走在了全国的前列。希望湖南省文物和公安部门再接再厉，努力实现文化遗产事业又好又快发展。

湖南长沙“12·29”古墓葬被盗掘系列案件侦破工作表彰会议

在查处大同云冈石窟保护范围内违法建设问题会议上的讲话

（2009年8月20日）

今年8月17日，《科技日报》头版披露了关于大同云冈石窟保护范围和建筑控制地带内的违法建设问题。国家文物局得知这一情况后，立即派文物保护与考古司、督察司人员组成调查组，在第一时间赶赴现场进行调查。调查证实，媒体报道基本属实。即大同市云冈石窟周边环境综合治理工程指挥部，擅自在大同云冈石窟保护范围和建设控制地带内进行工程施工，动工建设的工程项目主要有：一是开挖大型人工湖；二是兴建仿古商业一条街；三是在第20窟、5窟、6窟和山门前兴建道路和广场。上述工程均未报国家文物局审批，违反了《文物保护法》第十七条、第十八条的规定，属于违法建设工程①。对违法建设工程性质的认定，毋庸置疑。

昨天晚上，调查组返回后，连夜完成了调查报告。今天上午，国家文物局召开办公会议，听取了调查组的汇报。做出决定，一是当天致函山西省政府办公厅，请求对违法建设进行制止和处理；二是当

① 第十七条 文物保护单位的保护范围内不得进行其他建设工程或者爆破、钻探、挖掘等作业。但是，因特殊情况需要在文物保护单位的保护范围内进行其他建设工程或者爆破、钻探、挖掘等作业的，必须保证文物保护单位的安全，并经核定公布该文物保护单位的人民政府批准，在批准前应当征得上一级人民政府文物行政部门同意；在全国重点文物保护单位的保护范围内进行其他建设工程或者爆破、钻探、挖掘等作业的，必须经省、自治区、直辖市人民政府批准，在批准前应当征得国务院文物行政部门同意。

第十八条 根据保护文物的实际需要，经省、自治区、直辖市人民政府批准，可以在文物保护单位的周围划出一定的建设控制地带，并予以公布。在文物保护单位的建设控制地带内进行建设工程，不得破坏文物保护单位的历史风貌；工程设计方案应当根据文物保护单位的级别，经相应的文物行政部门同意后，报城乡建设规划部门批准。

天向大同市政府发出“违法建设停工通知书”；三是今天下午约见山西省文物局、大同市政府领导共同研究解决办法。今天参加会议的有文物保护专家、山西省文物局和大同市政府主要领导，还有《科技日报》《中国文物报》的记者，感谢大家牺牲休息时间，参加今天的会议。

今年年初，针对专家反映的云冈石窟研究院擅自进行西区窟顶排水渠、窟门踏道改建、窟前步道改造以及景区内窟前新增大量石质指示牌和园林绿化等问题，国家文物局两次会同山西省文物局到大同市进行执法检查，在督察工作会议上态度非常鲜明，对云冈石窟研究院违法进行建设工程提出了严厉批评和明确整改要求，强调大同市有关部门应尽快履行世界文化遗产《云冈石窟保护总体规划》报批手续，上报对违法项目的整改方案。山西省文物局对此专门印发了相关会议纪要，对落实国家文物局的意见提出了具体措施。遗憾的是，直至目前，国家文物局非但未收到《云冈石窟保护总体规划》报批文件，云冈石窟保护范围和建设控制地带内又接连发生了大规模的违法建设行为，触目惊心，在社会上造成了不良影响，必须引起高度重视。

山西大同云冈石窟园区景观

云冈石窟是我国规模最大的石窟群之一，1961 年云冈石窟被国务院核定公布为第一批全国重点文物保护单位，2001 年被联合国教科文组织列入《世界遗产名录》。国家文物局十分重视云冈石窟的保护，仅 2003 年至 2008 年，就投资 960 万元用于云冈石窟的安防、防水与维修。多年来，各级政府对云冈石窟保护高度重视，投入了大量的人力、物力和财力，取得了一系列重要成果。当地民众也为云冈石窟的文物保护工作，尤其是在申报世界文化遗产的过程中，做出了牺牲和奉献。任何人只有保护文化遗产的义务，没有破坏文化遗产的权利。

为切实履行对国际社会的庄严承诺和《文物保护法》赋予的神圣职责，防止事态进一步扩大，国家文物局提出以下处理意见：一是立即停止大同云冈石窟保护范围和建设控制地带内的所有违法建设行为，停工期间，施工人员和机械设备全部撤出施工场地；二是大同市政府及相关部门要制定并落实文物本体安全的措施，确保文物本体安全、游客安全和云冈石窟正常开放；三是大同市政府及相关部门要尽快履行《云冈石窟保护总体规划》的报批手续；四是山西省文物行政部门和大同市政府要组织专家，对违法工程给文物及其背景环境所造成的损害后果进行评估，听取专家对整改措施的意见和建议，并上报整改方案；五是依法追究相关责任人的法律责任。

同时，国家文物局也将采取以下措施：一是将云冈石窟违法建设案件确定为 2009 年度重点行政执法督察对象，从本周开始对这一案件进行持续督察，直至违法行为得到彻底解决，国家文物局督察司下周将再次到现场督察，重点检查是否停工和施工设备撤出工地的落实情况；二是立即启动世界文化遗产反应性监测机制，中国古迹遗址保护协会秘书处将于近日组织专家赴现场进行调查评估；三是广泛接受专家学者与新闻媒体监督，继续严格依法履行文物保护职责，与社会各界共同做好云冈石窟违法建设案件后续处理工作。

捍卫文化遗产的尊严，是法律赋予文物部门和文物保护工作者神圣而不可推卸的责任。这次事件性质恶劣、损失重大，作为负有保护文物责任的文物行政部门和文物系统的有关单位，更应该认真反思、总结教训，为当地政府领导决策当好参谋。对于这次违法建设，大同市文物局、云冈石窟研究院如果说不了解情况，如果说不知道法律规定，是说不过去的。而在本部门、本单位依法管理的范围内发生如此大规模的违法建设，既不制止，也不报告上级文物行政部门，是严重的失职行为。目前，整个云冈石窟保护范围变成了一个大工地，秩序十分混乱，遗产本体安全受到了严重的威胁。因此，我们必须采取紧急措施，确保文物本体安全、观众安全，保证云冈石窟的正常开放。

在全国文物安全与执法督察工作会议上的报告

（2009年12月4日·河南郑州）

今天是《文物保护法》修订颁布以来，国家文物局在公安部等有关部门的大力支持下，继2003年西安会议之后，第二次召开全国性文物安全与执法督察工作会议，也是国家文物局督察司成立后召开的第一次全国性会议。会议主题是：总结近年来文物安全与执法督察工作取得的成绩与经验，分析当前形势与突出问题，明确下一阶段工作任务与重点，并请公安部刑侦局、消防局负责同志就“全国重点地区打击文物犯罪专项行动”和“全国文物消防安全大检查”两项联合执法工作进行动员和部署。下面，我先谈几点意见。

一、文物安全与执法督察工作取得新发展

近年来，在国务院的正确领导下，在各级政府的重视、支持下，在广大民众和新闻媒体的关注、监督下，经过全国文物系统和各有关部门的不懈努力，文物安全与执法督察工作成效显著。

（一）政府重视达到新高度

改革开放的不断深入和经济社会的迅速发展，给我国文物事业带来了良好的发展机遇。2005年12月，国务院下发《国务院关于加强文化遗产保护的通知》，加速了文物保护依法行政、依法管理的进程。2006年以来，国家领导人就文物工作的批示已达725项，

其中涉及文物安全与执法督察工作的有205项。今年4月，国务院办公厅协调有关部门形成了《关于加强文物安全工作的意见与建议》。地方各级领导亦高度重视文物安全与执法督察工作，许多省市领导亲自检查指导文物安全，亲自过问重大违法犯罪案件。这表明，各级政府已将文物行政执法工作列为重要议事日程，文物安全与执法督察工作受到了前所未有的重视。

（二）法制建设迈上新台阶

自《文物保护法》及其《实施条例》颁布实施以来，全国人大常委会印发了《关于惩治走私罪的补充规定》和《关于惩治盗掘古文化遗址古墓葬犯罪的补充规定》，国务院颁布了《长城保护条例》和《历史文化名城、名镇、名村保护条例》，文化部和国家文物局制定了《文物行政处罚程序暂行规定》及多项安全管理标准。北京、浙江、陕西、山东制定了文物执法巡查办法，山西、西藏制定了文物消防安全管理地方法规，陕西、甘肃制定了文物安全事故责任追究规定。经过多年努力，文物安全与执法领域已初步建立法律法规和标准规范体系。

（三）机构建设实现新突破

2003年，国家文物局成立执法督察处。今年3月，在最近一轮国务院机构调整中，国家文物局作为加强部门，增设督察司，专门负责文物行政执法督察与安全监管工作。全国31个省份均成立了专兼职省级文物行政执法与安全监管机构。北京市和浙江省文物局设立了专门文物执法队，市、县（区）专门或者挂牌设立文物执法队；江苏省6个主要地、市在文化行政综合执法支队中设立文化遗产执法大队。部分文化遗产资源特别丰富的地区，例如河南巩义、山东曲阜等，成立了强有力的文物执法机构。

（四）安全监管取得新进展

各级文物部门协同有关部门实施专项治理，保证了文物安全和全国文物博物馆系统的稳定，较好地完成了北京奥运会和中华人民共和国成立 60 周年等重点安保任务。2008 年下半年，全国文物系统集中用 50 天时间，完成了 94% 的全国重点文物保护单位和 85% 的重点博物馆的安全检查，整改了一批安全隐患。文物安全防护设施建设步伐加快，文物建筑修缮工程中同步建设消防避雷设施，田野文物安全防范实验工程取得成功，文物系统风险等级达标工作继续推进。国家财政对于文物安全防范设施的投入逐年加大，今年“国家重点文物保护专项补助经费”中的安防经费已翻一番，达到 9000 万元，今后还将继续增长。

（五）执法督察打开新局面

经过几年时间的摸索，国家文物局建立了年度专项督察、重点案件督办、执法人员培训、案卷评比和新闻发布等执法督察制度。2005 年以来，国家文物局派出近 20 个督察组赴全国 29 个省份对近 400 个世界文化遗产、全国重点文物保护单位、重点博物馆进行专项督察，对一批在全国有重大影响的文物行政违法案件进行挂牌督办，多数案件已经得到妥善处理。地方各级文物行政部门加大执法力度，及时制止和查处了大量破坏文物本体及环境风貌的违法案件，树立了执法权威，保护了文物安全。

（六）联合执法步入新阶段

（1）联合长效机制逐步建立。根据国务院办公厅意见，由国家文物局牵头，公安部等 9 部委参加的全国文物安全部际联席会议制度正在紧张组建。陕西、山西等省文物、公安部门建立的联席会议制度已发挥重要作用。

（2）联合执法工作有力开展。公安机关与文物部门共同部署打击文物犯罪专项行动，近年来连续破获数个盗墓团伙。福建、海南等地边防官兵为保障水下文物安全做出了重要贡献，国家文物局授予了文物保护特别奖。公安部、旅游局、宗教局、文物局联合开展古建筑消防安全专项治理，消除火灾隐患。海关总署与国家文物局合作组织海关监管人员培训，监管能力显著提高。

（3）我国与意大利、印度、美国、埃塞俄比亚、澳大利亚等国签署了关于防止盗窃、盗掘和非法进出境文物的政府间双边协定，国际间打击文物犯罪活动的双边及多边合作明显加强。

（七）社会关注有了新提升

随着文化遗产保护宣传教育力度的不断加大，特别是“文化遗产日”的设立，文化遗产保护日益深入人心。一方面，民众自觉参与文化遗产保护的意识逐渐增强。陕西宝鸡 12 批农民兄弟自觉上交其在生产活动中发现的几百件青铜器，贵州黎平侗族农民自发抢救、打捞地坪风雨桥建筑构件，江苏苏州 200 名市民组成古城保护志愿者队伍，众多民众在第三次文物普查中提供线索、担任向导，都表明保护文化遗产已逐渐成为根植于广大民众内心的自觉行动。另一方面，文物安全与执法成为近年来新闻舆论关注的焦点和热点，例如最近发生的大同云冈石窟与华严寺违法建设、青海和甘肃两省新石器时代文物被盗挖贩卖等案件，新闻媒体均连续深入报道，对文物违法犯罪行为的纠正和查处起到了舆论监督作用。

在长期工作中，各级文物行政部门从事文物安全与执法督察工作的同志，各文物博物馆单位从事安全保卫工作的同志，公安、海关、监察、国土、建设、环保、工商、旅游、宗教等部门的同志，新闻媒体的同志，以维护文化遗产安全为己任，努力工作，无私奉献，为文化遗产事业做出了巨大贡献。我谨代表国家文物局向大家表示衷心的感谢！

二、文物安全与执法督察工作形势依然严峻

尽管我们的工作取得了一定成绩，但是与国家的要求和民众的期望尚存在较大差距，全国文物安全形势依然严峻，其主要表现包括以下几方面。

（1）法人违法事件屡禁不止。在当前大规模城乡建设和基础设施建设中，部分地方政府和企事业单位不能正确处理文化遗产保护与发展经济的关系，导致伤害文物建筑、占压大遗址、损毁古墓葬、破坏文物原生环境的现象时有发生。仅2006年至2008年，国家文物局接报全国重点文物保护单位发生的文物行政违法案件就达544起。一些地方忽视国家整体利益和长远需要，或热衷于在世界文化遗产、文物保护单位的保护范围内进行缺乏历史根据的复建和新建，或违背文物工作规律，擅自改变文物管理体制，引发许多不良后果。

（2）盗掘、盗抢、走私文物等犯罪活动猖獗。文物犯罪呈现出新特点：流窜作案、团伙作案频发，组织更趋严密，分工更细化，职业化特征日益明显；智能化犯罪增多，作案工具先进，作案手法隐蔽性强；犯罪趋向暴力化，犯罪行为由暗偷变为明抢，今年山西介休东岳庙、陕西黄陵万安禅院等有人值守的全国重点文物保护单位公然发生盗抢文物事件，社会影响恶劣；犯罪侵害范围不断扩大，有封土堆的大型墓葬、基本建设工地发现的古墓葬，甚至考古发掘工地，均成为犯罪分子的觊觎对象。

（3）文物博物馆单位防火任务十分艰巨。据统计，2006年至2008年，全国重点文物保护单位发生火灾、火险事故39起。今年

以来，全国省级以上文物保护单位已发生火灾事故7起，损失惨重。例如2009年7月25日，四川大学华西校区正在维修的省级文物保护单位怀德堂发生火灾，主楼屋顶被烧毁；9月12日，福建省南平市浦城县省级文物保护单位镇安古廊桥发生火灾，桥体被烧断坍塌。国家文物局今年对部分省份实施的文物安全检查中，发现许多文物博物馆单位存在不同程度的火灾隐患。

（4）馆藏文物安全隐患依然存在。据2008年文物安全大检查统计，全国重点博物馆的技防设备达标率仅为50%，经消防部门验收合格的消防设施仅有52.27%。个别博物馆规章制度不健全，馆藏文物账目不完善，安全保卫人员配置不到位，给违法犯罪分子以可乘之机。2008年8月24日，甘肃省敦煌博物馆展厅发生文物被盗案，4件文物被盗；内蒙古自治区博物院在新、老馆文物搬迁过程中，发现一盒重达2吨的石质墓志（一级文物）下落不明，至今尚未找到。

通过上述表层现象，我们更要认识到文物安全监管与行政执法所面临的深层次问题。

（1）文物保护政策法规和保护理念宣传不够深入，思想认识尚存不足，个别地方政府的短期行为、不科学行为依然存在，部分地方和单位的工作仍浮于表面、流于形式、心存侥幸、应付了事。

（2）文化遗产法规体系尚不完善，对分属不同类型的文化遗产管理和安全监管缺乏具体的规定和标准，法制建设滞后于文化遗产内涵、外延的拓展和文物事业发展形势的需要。

（3）各级文物行政部门的行政执法与安全监管机构建设依然薄弱，市、县级文物行政部门普遍存在执法机构不健全、岗位不确定、人员难落实的情况，执法与监管效能逐级衰减现象明显。

（4）安全隐患排查整治尚未实现标本兼治、综合治理，部分结构性矛盾尚未得到解决。盗掘、盗抢、走私文物等犯罪活动猖獗，其根本原因在于非法文物经营活动获利高、风险低，高额利润刺激犯罪分子不惜铤而走险。

（5）文物系统自身工作也存在着一些不扎实、不到位问题。部分地方文物基础工作薄弱，第五批、第六批全国重点文物保护单位保护范围、建设控制地带至今尚未公布。部分地方执法巡查、安全检查不到位，难以及时发现违法案件与安全事故苗头，发现后处理和应对不到位，整改不彻底。个别地方在处理违法案件过程中，对责任单位或责任人处罚避重就轻，甚至不敢坚持原则。同时，文物系统对行政执法工作缺乏有效的监督制约机制，责任追究制度难以落实。所有这些均应引起我们高度重视，努力改进。

总结成绩与教训，分析形势与问题，我们有如下深刻体会。

（1）只有牢固树立“安全第一”理念，时刻把文物安全放在首位，才能使文物事业安身立命、大有作为。文物安全是文物工作安身立命的根本，是开展各项文物保护事业的基础和前提，保护文物安全“责任重于泰山”。因此，我们必须警钟长鸣、时刻严防、毫不放松，不能有丝毫马虎。

（2）依法行政，加强执政能力建设，提高管理水平，是做好文物保护工作的根本保障。只有坚持文物法制建设，不断完善文物保护法规体系，加大监管与执法力度，提高隐患治理能力与行政执法水平，才能扭转当前文物安全形势严峻的被动局面，使文物得到有效保护和合理利用。

（3）执法必严，违法必究，是文物行政部门职责所在，是加强行政管理、规范行政行为的必然要求。执法不严、违法不究或不依法执法，愧对我们肩负的神圣职责。反之，敢于碰硬、不畏强权、不惧压力，狠抓执法督察重点案件的整改和落实工作，捍卫《文物保护法》的尊严，我们必然会赢得社会尊重和民众支持，进而实现文化遗产保护的良性循环。

（4）树立责任心，实施精细化管理，是做好文物安全工作的关键。责任心是做好文物安全工作的"法宝"，没有责任心，再先进的设施和设备都可能成为摆设。实施精细化管理是具有责任心的重要表现，许多文物安全事故的发生都是因为文物保护管理人员责任心不强、工作不精心、放任安全隐患造成的。

（5）增强广大民众保护文物的自觉性，是做好文物工作最为坚实的社会基础。只有不断加大文物保护法律法规的宣传力度，提高全社会的文物保护意识，依靠广大民众的力量，才能和全体民众共同保护好中华民族的珍贵遗产。

三、加强文物安全与执法督察工作的几点要求

2005年12月，国务院在《国务院关于加强文化遗产保护的通知》中，明确提出新时期我国文化遗产保护的指导思想、基本方针和总体目标。《国务院关于加强文化遗产保护的通知》提出，到2010年，我国要初步建立比较完备的文化遗产保护制度，文化遗产保护状况得以明显改善；到2015年，要基本形成较为完善的文化遗产保护体系，具有历史、文化和科学价值的文化遗产得到全面有效保护；要使保护文化遗产的观念深入人心，成为全社会的自觉行动。文物安全与执法督察关乎文化遗产保护全局，对于落实上述总体目标具有特殊重要的意义，要通过强化文物行政执法督察与安全监管，使依法行政在文化遗产工作中得到全面、深入地贯彻，促进文化遗产保护步入法制化轨道。

下面我对此提出几点要求。

（一）科学制定规划，明确工作目标

2010年既是“十一五”规划收尾年，又是“十二五”规划编制年。各级文物行政部门要把握机遇，积极争取各级政府支持，把文物安全与执法督察纳入国家、地方、行业“十二五”规划，明确规划期间和各年度的工作目标，全面促进事业发展。

（1）在科学总结、测算“十一五”期间安全事故和违法犯罪案件发生率的基础上，从实际出发，选定“十二五”文物安全量化控制考核指标，层层落实、逐级分解，推动落实文物安全责任制。

（2）制定法制建设规划，结合文物安全与执法督察工作的实际，深入开展理论政策研究，推动出台一批法律法规与规章，解决文物安全上的突出矛盾和问题，为深入开展安全监管与执法督察工作提供政策支持。

（3）制定科技支撑规划，设立文物安全与执法督察课题项目，组织开展安全预警、科技防范、文物建筑消防等领域的理论技术研究，提高科技创安水平。

（4）加大经费投入力度。各级文物行政部门要以规划编制为契机，积极争取各级财政设立文物安全与执法督察专项经费，或统筹调整现有文物资金使用结构，保证文物安全监管与执法督察工作经费，加大文物安全防范设施建设经费的投入力度。

（二）坚持重心下移，健全机构队伍

行政执法重在队伍，安全监管重在基层。各级文物行政部门要健全文物安全监管与执法内设机构，推动基层监管队伍建设。

（1）明确执法与监管主体，加强机构和队伍建设。文物保护法律法规明确规定了各级文物行政部门是文物行政执法与安全监管的主体。地方各级文物行政部门要充分认识文物行政执法机构建设的重要性和紧迫性，结合当地实际，推动文物行政执法机构建设。

各省级文物行政部门负责监督指导本辖区内的文物行政执法工作。地方各级文物行政部门都应内设文物执法督察专职机构，强化监管责任，并推动建立专职文物行政执法队伍。要积极会同有关部门研究落实人员配置、执法装备与经费问题等，明确执法责任，切实履行职责。

文化部《关于加强文化市场综合执法指导工作的通知》（文市发〔2009〕37号）要求的文化市场综合执法机构整合，不包括现有的文物行政执法队伍。文物行政执法按照《文物保护法》的规定，由文物行政部门和其他法定部门负责。

近日，文化部、国家文物局已经联合下发通知，对加强文物行政执法机构建设提出了明确要求，请各地抓紧落实。

（2）明确责任主体，加强安全管理。不可移动文物保护管理责任人、文物收藏单位是文物安全责任主体。不可移动文物为私有的，其所有人为保护管理责任人；为非私有的，管理单位或使用单位为保护管理责任人；没有管理、使用单位的，要由所在地政府确定管理单位。

（3）要充分发挥乡镇文化站作用。根据文化部刚刚颁布的《乡镇综合文化站管理办法》，乡镇文化站的职责中包括协助开展文物宣传保护工作。全国3万余个乡镇文化站在第三次全国文物普查中发挥了重要作用，要探索依托乡镇文化站开展文物保护的方式和方法，增强乡镇政府文物保护能力。

（4）加强群防群控，指导各地建立群众性、志愿性的基层义务文物保护员队伍，制定管理办法，明确工作内容，加强教育培训，落实激励措施，使之成为基层文物保护工作的重要辅助力量。

（三）坚持预防为主，加强安全监管

（1）全面落实文物安全责任制。文物行政部门应与不可移动文物保护管理责任人、文物收藏单位签订文物安全责任书，要求其在单位内部加强内保工作，设置安全保卫部门，合理配备安全保卫专职人员，落实文物安全岗位责任，层层分解，到岗到人。

（2）安全监管要以隐患排查整治为重点，标本兼治，重在治本。各级文物行政部门要建立安全监管检查制度与重大隐患公告公示、挂牌督办制度，深入基层加强分类指导，重大隐患及时向政府汇报，推进落实各项安全措施。要逐步建立安全隐患认定与评估标准，制定安全隐患排查与监管操作指南。

（3）重视应急预案工作，提高应急处置能力。各级文物行政部门应明确预案编制要求，督促、指导文物博物馆单位在 2010 年年底前全面完成应急预案编制与备案工作，开展多种形式的预案演练。发生突发事件后，要迅速启动预案，做好应急处置并及时上报信息。福建浦城镇安古廊桥 9 月份发生火灾，国家文物局至今尚未接到省文物局报告，请福建省文物局彻查责任。

（4）提高安全防范技术应用水平。国家文物局在“十二五”期间将重点加强全国重点文物保护单位防火设施和重点博物馆防盗设施建设，继续探索田野文物防盗设施建设的可行途径。文物安全防护设施建设工程应遵循不改变文物原状原则，不得破坏文物本体及其环境风貌。国家文物局将从行业监管角度，逐步推行行业准入与资质管理，加大管理力度。

（四）坚持行业管理，强化执法督察

各级文物行政部门作为行业管理部门，要通过强有力的行政管理和行政执法手段，纠正和预防旧城改造、旅游开发或其他建设项目中破坏文物的违法行为，实现合法利用，杜绝违法开发；实现保护性利用，杜绝破坏性改造；实现永续利用，杜绝短期行为；实现可持续利用，达到良性循环。行业管理包括前期的宣传引导，中期的积极参与，后期的加强管理和全程的执法督察。

前期宣传引导是指通过文物保护政策法规宣传，尤其是对存在文物旅游开发、旧城改造项目意向的政府部门和单位的宣传，引导各级政府、有关组织和公众树立正确的文物保护和利用观念，使文物利用行为自始便按照正确、科学、合法的轨道进行。

中期积极参与是指对涉及文物保护的经济建设项目，自启动到完成的各阶段和环节中涉及文物本体修复、环境保护及文物其他工程项目的，文物行政主管部门和文物专家均应积极参与，主动提出意见和建议，发现违法、违规问题及时予以纠正，促使开发行为合法有序进行。

后期加强管理是指通过强化管理使文物保护与利用协调发展。管理方式包括签订文物保护责任书、定期对文物保护管理者进行业务指导和培训、保护管理状况公示公告以及奖励和惩罚等。

长期执法督察是指进行经常性执法检查，发现破坏文物本体及环境风貌等违法行为，依法予以制止和纠正；发生危害后果的，依法给予行政处罚；构成犯罪的，移交司法机关追究刑事责任。

（五）坚持联合执法，建立长效机制

（1）要积极争取各级政府支持，主动协调公安、监察、国土资源、环境、住房和城乡建设、海关、工商、旅游、宗教等部门，建立文物安全联席会议制度，统筹研究协调文物安全相关工作，加强沟通、密切配合，形成文物安全联合执法长效机制。

（2）要继续与公安、海关、工商等部门联合部署打击文物违法犯罪专项行动，保持对盗窃、盗掘、走私、非法买卖文物等违法犯罪行为的严打态势。

（3）要联合公安消防、治安部门开展文物消防安全和治安隐患专项检查，推动建立定期联合检查制度，深入排查、治理安全隐患。要积极协助公安部门在重点文物、博物馆单位或文物犯罪活动相对突出的地区设立文物、公安联合派出机构。

（4）要联合纪检监察、国土资源、环境、住房和城乡建设、旅游、宗教等部门开展联合执法行动，及时制止并坚决打击破坏文物本体及其原生环境安全等违法行为。

（5）继续推动国际、地区间协同执法。继续与有关国家和地区商讨、签订关于防止盗窃、盗掘和非法进出境文物的政府间双边协定。推广苏浙沪三省市文物安全合作机制和西北五省区文物安全协作片区经验，加强省际联防联控。

（六）加强事后查处，落实责任追究

（1）严格落实关于加强安全工作的有关要求，发生文物安全事故与违法案件，要按照“四个不放过”原则，即“事故原因不查清不放过，事故责任者得不到处理不放过，整改措施不落实不放过，教训不吸取不放过”，查明原因，严肃处理，追究责任，根治隐患，并及时开展宣传教育，发挥警示作用。今年发生的重大安全事故和违法案件，有关省份文物局要在12月20日前上报调查处理报告，国家文物局将进行通报。

（2）要根据《国务院关于加强文化遗产保护的通知》，推动建立文物安全责任追究制度。对破坏文化遗产的各类违法犯罪行为，要重点追究因决策失误、玩忽职守造成文化遗产破坏、被盗或流失的责任人的法律责任。对因执法不力、监管不到位造成文化遗产受到破坏的，要追究有关执法机关和责任人的责任。对未按有关规定要求，瞒报、缓报、谎报突发事件的，要依法追究有关责任人的责任。对文物收藏单位，要落实藏品丢失、损毁追究责任制。

（3）要将经费安排、先进评比与文物安全和执法督察工作情况挂钩，统筹建立奖惩联动机制。对文物安全与执法督察工作成绩突出的地方，在经费、项目安排与先进评比上要给予倾斜。对于发生重大安全事故和严重违法案件的，则要减少经费投入，在各项评比中予以“一票否决”。

（七）坚持信息公开，接受公众和舆论监督

（1）要切实建立文物行政执法与文物安全情况公告制度。国家文物局将从2010年开始，对各地文物行政执法和安全监管情况进行公示，对重大案件和安全事故处理情况进行通报，主动接受公众和舆论监督。

（2）要将新闻媒体信息作为重要信息来源，建立“舆情收集机制”，及时获取、分析媒体信息，对媒体曝光的文物案件与安全事故及时应对处置。

（3）要主动公布联络方式，正确对待群众举报的安全隐患与案件线索，按照有关程序认真核查，督促落实整改。对提供重大线索的举报人，应予以适当奖励。

（4）要大力宣传各级政府和有关部门加强文物安全工作的新政策、新方法、新举措；大力宣传文物安全监管与执法督察工作中的先进典型、先进经验、先进技术；大力宣传广大民众自觉保护文化遗产行动中涌现出的优秀人物、优秀团体和感人事迹；引导社会树立爱国守法、健康向上的文物收藏理念，旗帜鲜明地反对、打击非法文物经营行为。

文物安全监管与执法督察工作职责神圣、使命光荣。广大执法监管人员及从事文物安全保卫工作的同志，要充分认识当前文物安全形势的严峻性、复杂性和长期性，增强责任意识，扎根基层，努力提高业务水平和执法能力；要加强廉政建设和内部监督，公正执法，克己奉公，维护文物监管与执法队伍形象；要进一步振奋精神，坚定信心，真抓实干，推动全国文物安全状况不断好转，为文化遗产保护事业做出更大的贡献！

全国文物安全与执法督察工作会议

在青海省文物安全工作座谈会上的讲话

（2010 年 2 月 21 日 · 青海西宁）

由于种种原因，将近一年半时间没有到青海来了。但是对青海省文物保护工作一直还是很关注的。我们注意到，在青海省政府的高度重视和正确领导下，青海省的文物保护工作在各个方面取得了不少新的进步。例如，文物工作者在十分艰苦的条件下认真开展了第三次全国文物普查，取得了丰富的成果。在文物建筑修缮、考古发掘、长城等大遗址保护、博物馆建设和对全社会免费开放、文物安全保卫等方面都取得了新的经验。

文物保护的实际工作和文化遗产普查的实施，使我们得出青海省也是文化遗产大省的印象。今天上午，吉狄马加副省长的介绍，更坚定了我们的印象。近年来，我们对于文化遗产保护的认识有了很大变化：一是重视人类与自然共同创造的文化遗产，青海美丽的山川，自古以来是各族民众繁衍生息的地方，有着丰富的地域文化、民族文化遗存；二是更加重视“活态的”“动态的”文化遗产保护，例如格尔木地区的盐业生产传统；三是重视近代、现代文化遗产的保护，例如拟申报第七批全国重点文物保护单位的青藏公路建设指挥部旧址等；四是重视保护“大型文化遗产”“线性文化遗产”和系列文化遗产，例如玉树藏族自治州的众多古墓葬群、唐蕃古道等青海地区历史上的文化线路；五是重视乡土建筑、工业遗产等“民间文化遗产”的保护，例如拟申报第七批全国重点文物保护单位的互助酒厂遗址等；六是重视物质文化遗产与非物质文化遗产共同生成的文化空间的保护，例如撒拉族传统民族村寨。因此，搞好青海省文化遗产保护工作，就必须具有宏阔的思路、前瞻性思考和战略性眼光。

近年来，我们特别期待青海省文化遗产保护工作在两个基础工作方面进一步加强。

（1）加强保护机构建设和培养更多的专业人才。从整体情况看，管理机构不健全、专业人才短缺仍然是制约青海文物事业发展的重要因素。希望青海省政府进一步加强文物管理机构建设和人才培养工作。一是加强省级文物行政管理部门建设。目前，青海省文物局还属于处级建制，挂靠文化厅，人员编制 8 人，很难适应青海文物保护工作的实际需要。二是加强博物馆和文物保护专门机构建设和人才培养，全面提高博物馆管理和公共文化服务水平。

（2）积极编制保护项目，使国家层面能够不断加大对青海省文化遗产保护的支持和投入力度。我非常赞成青海省在第三次全国文物普查的基础上，积极申报第七批全国重点文物保护单位。在列入全国重点文物保护单位的评选中，在同等条件下，应争取西部地区的项目更多列入，使经济发展相对滞后地区的文化遗产能够得到抢救性保护。更为重要的是，要加大“十二五”期间文物保护规划的编制，争取实施一批对于青海文化遗产保护起到重要促进作用的项目，例如“大遗址”保护项目、玉树地区文化遗产保护项目等。

此次在长江源头，玉树藏族自治州通天河流域发现了古墓葬群，这是第三次全国文物普查中的重要发现，应该给予高度关注，并及时采取措施加以保护。这处古墓葬群分布范围广、保护面积大、交通不方便，使今后的保护工作存在不少难度。建议按照《文物保护法》的要求，着手编制古墓葬群的保护规划，相关各县应抓紧设立文物管理机构，采取必要的保护措施。例如，根据通天河流域古墓葬群的实际情况，仿照长城保护设立文物保护员的制度，设立一定数量的文物保护员，使当地一部分农牧民群众担当起保护的责任，有效防止盗窃、盗掘古墓葬的事件发生，政府部门应确立文物保护员的合法身份，并给予适当的经费补助。关于由国家文物部门批准对一两座古墓葬开展试发掘的建议，可以进行可行性研究，建议只开展少量抢救性发掘。对于通天河流域古墓葬群的整体保护，国家文物局将在经费等方面给予重点支持。

近年来，青海省在文物行政执法和文物安全工作方面取得明显成绩，希望青海省政府继续重视文物执法与安全工作。一是建立健全文物行政执法与安全监管机构，充实人员，加强文物行政执法与安全监管工作。二是加强文物安全责任制的落实，建立文物行政执法与安全巡查制度，及时预防和依法处置各类行政执法与安全案件，做好防范和打击文物犯罪工作。三是重视博物馆安全工作，改善博物馆安全防范条件，提高博物馆人防、物防、技防能力。

关于设立国家文物督察制度和加强文物执法机构建设的提案[①]

（2010年3月）

2009年，经国务院批准，国家文物局增设督察司，专门负责指导全国文物行政执法与安全工作，负责督察查处重大文物违法案件。这一重要举措对严格文物行政执法、提升文物行政执法能力、增强文物行政执法信心起到了重要的作用。

当前，大规模城市建设和城市化加速进程，使文物保护与地方经济发展矛盾十分突出。据统计，每年仅国家文物行政部门接报的文物违法案件就多达数百起，有的公然违法故意损毁文物，致使一批批文物永久灭失；有的建设工程野蛮施工，致使许多古遗址、古墓葬惨遭破坏；有的擅自在文物保护单位周边违法建设，严重破坏了原有环境和历史风貌；有的在工程建设中发现文物不报告、不上交，将出土文物据为己有或集体哄抢；有的地方盲目追求经济利益，将文化遗产视为摇钱树，超负荷利用和破坏性开发，使文化遗产的真实性、完整性受到严重损害。

造成上述问题的主要原因，有以下几点。

（1）大量法人甚至政府法人的文物违法行为屡禁不止。一些

① 此文为在全国政协十一届三次会议上的提案，联名提案人：张和平　陈祖芬　孟广禄　宋春丽　丹增　王霞　董良翚　姜昆　龙瑞　郭瓦加毛吉　苏士澍　王书平　陈力　王川平　张海　耿其昌　杨一奔　吴祖强　杨力舟　杜滋龄　樊锦诗　尼玛泽仁　余辉　詹祥生　阿拉泰　吕章申　侯露　刘敏　张柏　赵维绥　郁钧剑　高延青　夏燕月　韩书力　安家瑶　张廷皓　林建岳　田青　仲呈祥　席强　冯英。

地方政府不能正确处理文物保护与发展经济的关系，一些地方政府领导不学法、不懂法，在保护文物工作中有法不依、执法不严；他们既是经济发展的主导者，又是文化遗产的保护者，但是当二者利益发生冲突的时候，往往以牺牲文化遗产资源、自然资源和包括人文环境在内的生态环境为代价，换取眼前的经济利益，造成破坏历史文化风貌、损毁文物建筑、占压考古遗址、破坏文物原生环境的现象屡屡发生。同时，涉及文物的违法案件往往错综复杂，多方利益纠葛在一起,处理难度十分大,一些地方文物行政部门又摄于权势,不敢依法执法。

（2）文物保护任务日益繁重。目前，全国不可移动文物 40 余万处，其中全国重点文物保护单位 2352 处。截至 2009 年 12 月 31 日，第三次全国文物普查已经新发现不可移动文物 68 万余处。全国共有 2900 余座博物馆，馆藏文物 2000 万件（套），同时博物馆免费开放使观众数量急骤增加，管理难度明显加大。同时随着文化遗产领域的不断扩大，文物保护的监督与管理任务日益繁重，文物安全形势更为艰巨。

（3）文物保护监管机制不健全。一些省份和大多数市、县尚未设立专职的文物行政执法机构，没有专职执法人员，文物行政执法工作难以顺利开展。即使已经建立的文物行政执法机构往往也仅有两三人，与繁重的工作任务相比仍是杯水车薪，使得在经济建设过程中的文物保护监管力度不够。一些文物违法案件虽然得到了处理，但是文物遭到破坏后难以挽救，损失不可估量，亟须将“事后处理”尽快转变为“实时监督”和“事前监督”，以确保国家的有关法规能够得到落实、日常工作能够依法进行，并有效降低发生文物违法行为的概率。

文化遗产是全人类的共同财富，是不可再生的珍贵资源。保护文化遗产，传承民族文化，是连接民族情感纽带、增进民族团结和维护国家统一的重要文化基础，是增强中华文化国际影响力的重要因素。因此，为从根本上解决文物执法难的问题，建议如下。

（1）设立国家文物督察制度。为了更好地实施国家对地方文物保护与管理行为的监督检查职能，以行政行为作为督察的主要对象，同时基于文物所具有的稀缺性和公共性、一经破坏无法恢复的不可逆性等自身特点，建议中央机构编制部门牵头研究设立国家文物督察制度的可行性和必要性。在国家文物局已有督察司的基础上，按照文物资源的数量、质量和地理分布等，增加多个区域性文物督察派出机构，直属国家文物行政部门管理，负责监督地方文物保护与管理和重大文物违法案件的调查处理。

（2）加强文物执法机构建设。在国家层面不断加强文物保护监督力度的同时，要积极加强和完善地方各级政府文物执法机构建设，充实现有执法人员，切实履行法律职责。建议中央机构编制部门牵头研究加强和完善地方各级政府文物执法机构建设的具体操作方式，积极推动地方各级政府在所属文物行政部门中增设专司文物行政执法与安全监管的机构。在文物资源丰富，且破坏文物的违法案件高发地区，更应及时加强文物执法机构建设，充实执法人员力量，确保文物安全。

在河北文物单位消防安全大检查工作汇报会上的讲话

（2010 年 4 月 22 日 · 河北承德）

今天上午，我们对承德避暑山庄消防安全工作进行了实地检查，刚才又听取了省、市文物局的工作汇报。从检查和听取汇报的情况来看，各级文物和公安部门认真组织、精心安排，取得了明显成效。

下面，我就加强文物消防安全工作讲几点意见。

一、认清形势，提高意识，切实加强对文物消防安全工作的领导

我国文物建筑大多采用木构架为主的结构方式，所用木材经过常年风干，火灾荷载大，极易燃烧。因此，可以说火灾是威胁文物安全的最重要因素，一旦发生火灾，就会对文物造成难以弥补的损害，甚至消失殆尽。多年来，在各级政府领导下，通过文物、公安消防等各有关职能部门的共同努力，文物消防安全管理制度逐步完善，消防安全工作机制初步建立，消防安全责任制进一步落实，文物火灾得到有效遏制。

但是必须清醒地看到，当前我国文物消防安全工作存在的问题还不少，面临的挑战还很多，形势依然严峻。2009 年以来，仅国家文物局接报的省级以上文物保护单位发生的火灾、火险事故就达 14 起，损失严重。今年以来，河北、贵州、云南、辽宁等地连续发生文物建筑火灾事故。2 月 18 日，河北省正定县南城门仿古城门楼失

火，过火面积约400平方米，城门楼被烧毁，经济损失100余万元。2月22日，贵州省织金县全国重点文物保护单位织金古建筑群中的东山寺发生火灾事故，过火面积26.6平方米。3月19日，云南省巍山彝族回族自治县因森林火灾，引燃省级文物保护单位巍宝山古建筑群中的斗姥阁除山门外全部古建筑被焚毁，过火面积300余平方米。4月14日，辽宁省义县全国重点文物保护单位奉国寺大雄殿发生火灾，大雄殿一根檐柱根部以上至2米高度被烧焦。

云南巍县巍宝山古建筑群斗姥阁火灾受损文物考察

这些火灾事故致使文物损毁惨重，教训极为深刻。这就亟须各级文物行政部门和各文物博物馆单位认清形势，切实增强责任感、使命感，切实加强对文物消防安全工作的领导，将其纳入年度工作目标，摆在突出位置，制定切实可行的工作计划。主要领导要亲自过问，亲自深入基层检查督导，定期分析当地文物火灾形势，及时做出工作部署，积极协调解决突出问题。

二、强化基础，预防为主，不断提高防范火灾的能力和水平

文物消防安全工作是一项长期而艰巨的任务，要坚持“预防为主、防消结合”的方针，认真做好各项基础工作，提高防范能力，预防和减少火灾事故发生，确保国家文化遗产安全。

（1）建立和完善消防安全管理制度。各级文物行政主管部门要积极督促文物保护机构或者管理和使用单位，认真按照《机关、团体、企业、事业单位消防安全管理规定》和有关消防法规要求，建立健全各项消防安全管理制度。通过规章制度的实施，明确消防安全工作程序、工作规范和工作要求，加强管理，切实将各项消防安全措施落到实处。

（2）认真开展文物消防安全巡查。安全巡查是预防火灾事故的重要手段。要建立常规化的文物单位消防安全检查工作机制，列入年度工作计划，规范检查程序，制定消防安全检查标准。巡查要做到横向到边、纵向到底，不放过任何环节和问题，不留任何死角和隐患；巡查要做到制度化、经常化，对重点文物单位及其要害部位实施全天候不间断火险监控；消防安全巡查要扎实有效，做到文物单位安全状况清、火灾隐患情况清、整改落实结果清，坚决避免流于形式、走走过场。要通过开展巡查，实现对火灾隐患发现得早、预防得好、控制得住。

（3）要加大火灾隐患整治力度。预防火灾，重点在于控制火灾源头，根治隐患，防患于未然。对文物单位存在的消防安全隐患，要按照消防安全的规定和要求，抓紧制定整改措施，限期整改。各级文物行政部门要建立安全监管检查制度与重大隐患公告公示、挂牌督办制度，对存在重大火灾隐患的文物博物馆单位要挂牌督办。一时整改确有困难的，要及时向当地政府报告，并采取有效应对措施，

严防死守，常备不懈，遏制火灾事故的发生。

（4）增强火灾事故应急处置能力。制定完善、有效的文物消防安全预案是采取主动防预的重要措施，是防火、灭火的重要手段。文物行政部门和各文物博物馆单位要认真研究各种可能出现的火情火险，有针对性地采取预防措施。要立足于实战需要，建立健全文物安全突发事故应急管理制度，制定科学、有效的文物单位灭火和应急疏散预案。同时，组织专兼职消防队伍加强消防演练，提高扑救初期火灾的实战能力。一旦发生火灾事故，立即启动应急预案，及时、有序组织人员疏散和有效灭火。

（5）要加强消防安全基础设施建设。完备的消防设施、设备，是防火、灭火的物质基础。各地要按照有关消防法律法规的要求，根据文物单位消防安全防范工作的实际需要，配备必需的消防设备和灭火器材，完善消防供水、消防通道、消防通信和消防装备等基础设施，努力改善文物单位消防安全条件。同时，充分运用现代高科技手段，提高文物消防安全监控、报警和灭火的科技水平，提高抗御火灾的能力，为文物单位防火构筑强有力的“防火墙”。

三、强化责任，加强管理，建立文物消防安全工作新格局

要深入贯彻文物和消防法规，加强安全管理，努力构建“文物和公安部门密切配合，文物行政部门有效监管，文物单位全面负责，广大民众积极参与”的消防工作格局。

（1）加强协调配合，建立文物消防安全长效机制。多年来，公安消防部门高度重视文物消防安全工作，文物和公安消防部门密切配合、协同作战，对预防和扑救文物火灾、保护文化遗产安全做出了重要贡献。2009 年 12 月到 2010 年 2 月，国家文物局和公安部

在全国部署了文物单位消防安全大检查，取得了重要成效。同时，按照国务院领导批示，由国家文物局牵头，公安部等 9 部委参加的全国文物安全部际联席会议制度正在积极筹备，近期就要召开首届联席会议。省、市文物部门也要认真研究总结文物安全管理的经验和做法，建立和完善各项文物安全管理制度，形成文物安全长效工作机制。

（2）增强责任心，实施精细化管理。责任心是做好文物安全工作的“法宝”，没有责任心，再先进的设施和设备都可能成为摆设。许多文物火灾事故的发生都是因为保护管理人员责任心不强，工作不精心、放任安全隐患造成的。实施精细化管理是责任心的重要表现，精细化管理就是改变传统的粗放式、经验式管理模式，强调科学管理，重视科技、重视规范、重视细节、重视程序，高标准、严要求，通过科学管理求实效，精益求精保安全。

（3）签订责任书，实施消防安全责任制。实践证明，签订文物消防安全责任书，是强化消防工作责任、落实各项消防任务、实施安全责任制的有效途径。各文物单位要明确消防安全责任人和消防安全管理人，落实消防安全责任制。文物行政部门应与不可移动文物保护管理责任人、文物收藏单位签订文物安全责任书，要求其在单位内部加强内保工作，设置安全保卫部门，合理配备安全保卫专职人员，落实文物安全岗位责任，坚持“谁主管，谁负责；谁在岗，谁负责”的原则，采取“一竿子捅到底”的方法，将消防安全职责落实到具体岗位和人员。

（4）加强事后查处，依法进行责任追究。“有职必有责，过错要追究”是现代法制公正的重要体现之一。各级文物行政部门要严格执行火灾事故责任追究制度，对发生的重特大文物火灾事故，要按照“事故原因查不清不放过、责任人员没有处理不放过、整改措施没有落实不放过、教训不吸取不放过”的原则，依法进行查处，绝不能大事化小、小事化了。对因失职渎职、违法违规行为，导致发生火灾事故，对文物造成损害或者对文物安全构成重大威胁的，要依法依规根治隐患、严肃处理。

（5）加大宣传力度，引导广大民众参与文物消防安全工作。文物消防安全工作涉及方方面面，离不开社会各界的参与和支持。各级文物部门要采取各种方式和途径，开展文物防火宣传进学校、进社区、进村镇、进企业活动，尤其是对文物单位周边的民众加强宣传教育，引导广大民众增强安全防范意识，掌握防火、灭火常识，主动参与文物消防安全防范，避免生产生活用火用电不当引发文物火灾，形成广大民众重视、关心文物安全和积极参与文物消防工作的良好局面。

河北避暑山庄文物单位消防安全大检查工作汇报会

在山西省文物单位消防安全大检查座谈会上的讲话

（2010年5月11日）

两天来，我们对山西省大同、太原两市共15家文物单位的消防安全工作进行了实地检查，刚才又听取了省、市文物局的工作汇报。从检查和听取汇报的情况看，山西省高度重视文物单位消防安全检查工作，省政府及省文物、公安部门及时部署，基层文物和公安部门认真组织、精心安排，取得了明显成效。多年来，在各级政府领导下，通过文物、公安消防等各有关职能部门的共同努力，文物消防安全管理制度逐步完善，消防安全工作机制初步建立，消防安全责任制进一步落实，文物火灾得到遏制。

但是必须清醒地看到，当前我国文物消防安全形势依然严峻。2009年以来，仅国家文物局接报的省级以上文物保护单位发生的火灾、火险事故就达14起，损失严重。今年河北、贵州、云南、辽宁等地连续发生文物建筑火灾事故，一些文物遭到损毁，教训极为深刻。各级文物行政部门和各文物博物馆单位要认清形势，增强责任感、使命感，切实加强对文物消防安全工作的领导，定期分析当地文物火灾形势，及时做出工作部署，积极协调解决突出问题，做到万无一失。

文物消防安全工作是一项长期而艰巨的任务，只有认真做好各项基础工作，提高防范能力，预防和减少火灾事故发生，才能确保国家文化遗产安全。

（1）建立和完善消防安全管理制度。各级文物行政主管部门要积极督促文物保护机构或者管理和使用单位，按照有关消防法规要求，建立健全消防安全管理制度。明确消防安全工作程序、工作规范和工作要求，加强管理，切实将各项消防安全措施落到实处。

（2）认真开展文物消防安全巡查。要建立常规化的文物单位消防安全巡查工作机制，规范巡查程序，制定消防安全检查标准。巡查要做到横向到边、纵向到底，做到文物单位安全状况清、火灾隐患情况清、整改落实结果清。

（3）要加大火灾隐患整治力度。各级文物行政部门对存在重大火灾隐患的文物单位要进行挂牌督办、限期整改。一时整改确有困难的，要及时向当地政府报告，并采取有效应对措施，严防死守，常备不懈，遏制火灾事故的发生。

（4）增强火灾事故应急处置能力。各文物单位要认真研究各种可能出现的火情火险，立足于实战需要，建立文物安全突发事故应急管理制度，科学制定灭火和应急疏散预案。同时，加强消防演练，提高扑救初期火灾的实战能力。

（5）要加强消防安全基础设施建设。要按照有关消防法律法规的要求和实际需要，配备必需的消防设备和灭火器材，完善消防装备，努力改善文物单位消防安全条件。同时，充分运用现代高科技手段，提高抵御火灾的能力，为文物单位防火构筑强有力的“防火墙”。

要深入贯彻文物保护和消防法规，加强安全管理，努力构建“文物和公安部门密切配合，文物行政部门有效监管，文物单位全面负责，广大民众积极参与”的消防工作格局。

（1）加强协调配合，建立文物消防安全长效机制。按照国务院领导批示，由文化部、公安部、国家文物局等10部门（单位）参加的全国文物安全部际联席会议制度正在积极筹备，近期就要召开首届联席会议。省、市文物部门也要认真总结先进经验和做法，完善文物安全管理制度，形成文物安全长效工作机制。

（2）增强责任心，实施精细化管理。实施精细化管理是责任心的重要表现，精细化管理就是改变传统的粗放式、经验式管理模式，强调科学管理，重视科技、重视规范、重视细节、重视程序，高标准、严要求，通过科学管理求实效，精益求精保安全。

（3）签订责任书，实施消防安全责任制。各文物单位要认真落实消防安全责任制，文物行政部门应与文物管理人或使用人签订文物安全责任书，坚持“谁主管，谁负责；谁在岗，谁负责”原则，将消防安全职责落实到具体岗位和人员。

（4）加强事后查处，依法进行责任追究。发生文物火灾事故，各级文物行政部门要按照“事故原因不查清不放过、责任人员不处理不放过、整改措施不落实不放过、教训不吸取不放过”的四个“不放过”原则，依法查处相关人员，严肃进行责任追究，维护国家法律和文化遗产尊严。

做好文物消防安全工作事关文化遗产事业的大局，是一项长期而艰巨的任务，责任重大，使命光荣。我们要更加努力扎实工作，努力开创新时期文物消防安全工作的新局面。这次到山西省调研工作，在省政府、大同市、太原市的大力支持和精心安排下，取得了预期的效果，完成了既定的任务。两位省领导亲自参加了调研活动，使我们很受鼓舞。调研结束之后，我们要认真梳理在考察中学习到的经验，把今后的各项工作做得更好。

在文物安全部际联席会议办公室第一次会议上的总结讲话

（2010 年 7 月 12 日）

今天的会议开得很好，下面我就文物安全工作谈一些意见，供大家参考。

文物安全是文物工作的生命线。当前我国正处在经济建设和城市化进程迅猛发展的时期，这一时期是文化遗产保护任务最为繁重、最为紧迫的阶段，文化遗产及其生存环境受到严重威胁。法人违法破坏文物现象屡禁不止，不少历史文化名城（街区、村镇）、古建

全国文物安全部际联席会议办公室第一次会议

筑、掘古遗址古遗址及风景名胜区整体风貌遭到破坏；文物非法交易、盗窃和盗古墓葬以及走私文物的违法犯罪活动在一些地区还没有得到有效遏制，大量珍贵文物流失境外；文物火灾事故时有发生，各类自然灾害导致文物损失严重，文物安全形势非常严峻。究其原因，主要有四个方面。

（1）对文化遗产重要价值和作用认识不足，不能正确处理文物保护与经济建设、社会发展的关系。工业化和城市化，带来了各地新区开发和旧城改造的热潮，一些地方不能正确认识文化遗产对传承城市文化、维护城市景观、提升城市品位、繁荣城市经济的重要作用，被长官意志、政绩观念、局部利益左右，缺乏对历史负责、对人民负责、对子孙后代负责的态度，表现出目光短浅和急功近利，大肆破坏历史文化风貌、损毁文物建筑、破坏文物原生环境。

（2）非法文物经营活动获利高、风险低，犯罪分子在高额利润刺激下不惜铤而走险。盗掘、盗抢、走私文物等犯罪活动猖獗，其根本原因是有利可图、有机可乘。随着我国文物“收藏热”不断升温，不少地方的古玩旧货市场活跃，但是监管相对滞后，存在非法经营文物，甚至超范围经营盗掘出土文物的现象，个别店铺成为犯罪分子销赃场所。同时，地下文物交易频繁发生、大量存在，甚至形成了盗掘、非法经营、走私的“一条龙”模式。

（3）文物安全基础工作尚显薄弱，文物单位安全防范条件未得到根本改善。文物法规体系尚待完善，专项法规、技术规范、管理制度缺失较多，文物安全管理标准制定工作相对滞后；文物部门力量薄弱，对于大量未被核定为文物保护单位的不可移动文物，特别是古墓葬、石刻等田野文物尚难实现有效监管；文物单位安防设施短缺，文物藏品保管条件较为落后，文物安全隐患未从根本上得到治理；各级文物行政部门普遍存在执法机构不健全的问题。

（4）文物安全长效机制尚未形成，预防和打击文物违法犯罪尚显乏力。多年来，多部门联合打击文物违法犯罪活动，综合治理文物安全隐患，取得了显著成效。但是在各个地区、各个领域、各个环节实施全方位、长期的联合打击文物违法犯罪活动长效机制尚未建立起来。一些地方在打击文物违法犯罪和治理文物安全隐患工作上不协调、不配合、不全面、不彻底，时紧时松，时严时宽，不能从根本上杜绝文物违法犯罪活动，根治文物安全隐患，导致文物犯罪案件和安全事故防不胜防、打而不死，且呈上升趋势。

2009 年 3 月，国务院办公厅协调有关部门形成了《关于加强文物安全工作的意见与建议》，对文物安全工作的相关问题提出了明确意见和措施。2009 年 3 月，在国务院机构改革中各部门机构、编制整合压缩情况下，把国家文物局作为加强部门，增设了督察司，专门负责文物行政执法督察与安全监管工作。国家财政不断加大文物安全投入，从 2009 年起增加安排部分经费，重点解决全国重点文物保护单位的防火设施和重点博物馆的防盗设施问题，今年国家财政安排的文物安全设施建设经费已增长到 1 亿元。

文化遗产事业作为文化建设的重要组成部分，是全社会的共同事业，必须充分调动各方面的积极性，努力形成文化遗产保护的强大合力和长效机制。要把保护、发展文化遗产与促进经济社会发展结合起来，与城乡建设结合起来，与改善环境结合起来，不仅注重对文化遗产本体的保护，还要关注对文化遗产依存的生态环境的保护，通过国家考古遗址公园建设等模式，既实现对文化遗产的整体性保护，又为广大民众创造良好的生活环境。要按照属地管理原则，落实文化遗产保护和管理责任，依法实施文化遗产保护和管理，切实加强文物安全防范设施建设、文物执法机构和队伍建设，确保文物安全和文化遗产事业有序发展。我们唯有更加扎实工作，切实履行职责，确保祖国文化遗产安全，才能不负重托、不辱使命。

国务院批准建立全国文物安全工作部际联席会议制度，是我国加强文物工作的一项重大举措。我们要认真落实国务院批复要求，切实履行联席会议各项职能，健全、完善政策措施，努力构建文物安全长效机制。

一、建立文物安全重大事项决策机制

根据国务院批复的联席会议议事规则，精心谋划、认真筹备每一次联席会议和办公室会议，通报文物安全形势，各部门共同研究解决文物安全领域的突出矛盾和重大问题，完善政府统一领导、部门各司其职、标本兼治、综合治理的文物安全工作格局。

二、健全文物安全法律法规与标准规范体系

联席会议要针对危害文物安全的关键性、普遍性问题，组织开展专题调查研究，摸清现状，明晰症结，有针对性地研究制定法规、政策和措施，完善法律法规体系，建立标准规范体系，推进文物安全工作法制化和标准化，加强对文物安全的宏观指导。

三、建立文物安全信息共享机制

充分发挥联席会议办公室的信息枢纽作用，建立文物安全信息交换、汇总和综合研判机制，通过工作信息特别是文物案件信息的及时交流，实现情报共享，为执法机关查办案件提供综合性信息支持，加大部门间协同办案、联合执法力度。

四、建立联合执法督察机制

一是组织开展常规执法督察，督察各地落实文物保护和相关法规情况，督促整改违法行为。二是开展专项执法督察，对涉及多行业、多部门或跨区域破坏文物的违法行为，由牵头部门组织联合专项执法督察。三是集中各部门力量，联合处置突发事件。

五、建立安全监管长效机制

各成员单位加强合作，研究将打击文物犯罪专项行动、文物单位治安秩序专项整治、文物单位消防安全检查等联合执法行动，从阶段性工作转变为常态性工作，建立长效机制，通过强化预防和综合治理，实现文物安全防范关口前移。

六、继续推动国际、地区间协同执法

继续与有关国家和地区商讨、签订关于防止盗窃、盗掘和非法进出境文物的政府间双边协定，并做好落实协定各项工作。建立健全向国际组织通报涉案文物信息机制等国际合作机制，有序开展流失海外文物追索工作，维护国家权益。

在碛口古建筑群和铁路建设工程协调会议上的发言

（2010年8月6日·山西吕梁）

我们在今天的会议前研究了相关材料。一是注意到碛口古建筑群具有杰出的文化遗产价值。碛口古建筑群是历史上重要的水运码头，是全国重点文物保护单位和中国历史文化名镇，因此在城市建设和经济发展中要对碛口古建筑群加以妥善保护。二是注意到晋豫鲁出海大通道的铁路建设对于经济社会发展的重要意义。临县作为国家扶贫开发重点县，对于通过铁路建设促进经济社会发展有着良好的愿望。近年来，文物保护与铁路建设之间经常出现需要协调的项目，通过文物部门和铁路部门的共同努力都得到妥善解决。三是注意到为处理铁路建设和文物保护工作，省、市、县有关部门做了一系列前期工作，组织相关部门和专家进行了论证。对于碛口古建筑群的保护，不但要注意保护地上文物建筑，还要注意保护地下文物遗存；不但要注意保护文化遗产，还要注意保护周边的环境。

建议山西省文物局组织专家结合碛口古建筑群（碛口镇及西湾村）保护规划，对铁路选线和客运站点的选址做进一步考察和论证，如果涉及全国重点文物保护单位的文物保护范围应坚决避让；如果涉及全国重点文物保护单位的建设控制地带的要编制相关技术方案，依法履行报批手续；对于建设控制地带范围以外，但是接近建设控制地带的，应重点论证铁路建设对文物保护单位和历史文化名镇名村周边自然、历史环境风貌的影响，科学评估铁路微震对文物保护单位造成的长期影响，并在规划设计中采取相应防治措施。工程开工前应依照文物保护法规的相关要求先期开展考古工作。同时，请山西省文物部门指导当地文物部门密切注意铁路建设的动态，切实依法加强对碛口古建筑群文物保护和管理工作。为保护好碛口古建筑群，落实国务院领导的重要指示，国家文物局将加大保护资金方面的投入。

山西碛口镇环境景观

在重庆市文物安全工作座谈会上的讲话

（2010年8月20日·重庆）

近年来，重庆市文物部门面对城市化快速发展进程，积极开展了各项文化遗产保护工作。

（1）三峡文物保护取得重要成果。经国务院三峡工程建设委员会批准，共有1087项文物列入长江三峡工程淹没及迁建区文物古迹保护规划，有752项分布在重庆库区。其中，三峡四期工程文物保护项目重庆库区有254项，包括地下文物共173项，勘探面积195.13万平方米，发掘面积39.986万平方米；地面文物81项，包括搬迁保护项目4项、原地保护项目39项、留取资料项目38项。张桓侯庙采取整体搬迁，石宝寨采取围堤护坡，白鹤梁水下题刻实施原址保护等重点工程顺利完成。重庆长江三峡四期移民工程阶段文物保护任务全面完成，能够满足长江三峡工程175米蓄水发电的要求。同时，取得了一批重要考古资料和阶段性学术成果，在很多方面填补了重庆地区历史文化研究的空白，大大推动了重庆地区考古学研究和文化遗产保护工作的开展。

（2）第三次全国文物普查实地调查任务全面完成，并通过国家整体验收。全市40个区县都与市政府签订了文物普查目标责任书。配合第三次全国文物普查举办了古人类文化培训班等3次集中培训，参加培训人员近500人次；编印了文物普查手册，下发到每名普查队员；开展了实地文物调查的核查指导工作，组成6个核查指导组，分赴各区县开展为期1个月的实地核查指导。为进一步加强重庆市文物保护工作，市政府于2009年年底公布了193个第二批市级文物保护单位。今年8月4日，重庆市第三次全国文物普查实地调查阶段工作通过国家文物局第三次全国文物普查办公室整体验收。全市40个区县实地文物调查覆盖率100%，完成率100%，县域基本单元验收合格率100%。全市共调查登记不可移动文物29356处，其中新发现20376处、复查8980处。

（3）抗战遗址保护工作取得重大进展。据调查，重庆市共有抗战遗址767处，其中现存395处，占51.5%；消失372处，占48.5%。近年来，重庆抗战遗址保护利用工作得到重庆市高度重视，在实施挂牌保护、申报全国重点文物保护单位、编制保护规划、抢救维修等方面做了大量工作。2009年，成立重庆市抗战遗址保护利用工作协调小组，审议并原则通过了《重庆抗战遗址保护利用总体规划》，决定全面保护重庆现存的395处抗战遗址，其中120处重要革命遗址和抗战遗址于2012年前完成维修并逐步对外开放。市政府每年将安排不低于2000万元的专项资金用于抗战遗址的抢救维修。目前，全市尚未定级的182处抗战遗址已实施统一挂牌保护；34个（92处）抗战遗址公布为市级文物保护单位；48个（147处）抗战遗址申报了全国重点文物保护单位。

（4）重大文物博物馆项目取得新成果。大足石刻千手观音抢救性保护工程前期勘察工作取得阶段性成果，《大足石刻千手观音造像抢救性保护工程总体工作方案》已编制完成，并上报国家文物局；《中期试验技术方案及加固材料评价》《贴金层漆艺中期修复试验技术方案》已编制完成，并于6月29日通过专家评审，受到国家文物局领导和专家充分肯定；龚滩古镇的搬迁复建已全部完成，并于2009年5月1日对外试开放；合川钓鱼城宋元古战场遗址保护工程已完成石照县衙维修、一字城墙和水军码头的考古发掘以及奇胜门至镇西门城墙修缮工程。重庆市全面完成文物调查及数据库管理系统建设项目工作任务。今年8月重庆市已全面完成珍贵文物藏品数据信息的录入、审核和上报工作，向国家文物局信息咨询中心报送入库一级文物682件（套），审核备案二级文物1338件（套），三级文物20421件（套），信息数据合格率达100%。

（5）文物博物馆基础设施建设稳步推进。重庆自然博物馆新馆建设进展顺利；万州三峡移民纪念馆已奠基；重庆市文物考古研究所文物周转库房改造工程已完工，并投入使用；重庆工业遗产博物馆项目已列入重庆市级重大建设项目；重庆抗战遗址博物馆群正在进行前期规划和论证；重庆文化遗产保护中心大渡口基地项目已经办理土地划拨手续，开始拆迁；利用意大利政府贷款200万欧元建设的大足石质文物保护中心暨中国南方石质文物保护中心项目已开始招标。规划中的5个文物中心库房，结合国家资金和地方资金已启动涪陵区、万州区2个文物中心库房建设。奉节县、巫山县、丰都县、綦江县等4个区县新建博物馆稳步推进。争取市财政300万元专项经费，为自然博物馆新馆建设征集文物600件；争取市财政500万元专项经费，为区县文物库房添置了柜架、囊匣、空调、除湿机等设备。

由此可见，近年来重庆市文物部门在文化遗产保护的各个方面开展了大量艰苦工作，取得了骄人的成绩。但是，当前制约重庆文物事业发展的深层困难和现实问题仍十分突出，文物工作面临前所未有的压力和挑战，主要表现在：一是文物保护的工作量与工作进度不相适应；二是基本建设与文化遗产保护的矛盾依然巨大，特别是在面临主城区“危旧房改造”的新形势下，这个矛盾尤为突出；三是经费投入严重不足，需求与现实缺口不小；四是文物管理的基础工作亟待加强，机构不健全、业务不熟悉、专业人员少等问题还普遍存在。

重庆是一个历史悠久的文化名城，具有厚重的文化底蕴。重庆深厚的文化遗产，是重庆文化持续发展的源泉。我们必须以敬畏之心对历史负责、对民族负责、对未来负责，认真贯彻“保护为主、抢救第一、合理利用、加强管理”的文物工作方针，积极保护和传承具有 3000 年历史的城市文脉。重庆作为历史文化名城，文化遗产的类别多、时间跨度大，保护的方式应该多种多样，必须不断更新保护观念。包括近年来开展的抗战遗址保护、工业遗产保护、历史文化街区和历史文化村镇保护、20 世纪遗产保护、少数民族文化遗产保护等。

当前，要全面完成第三次全国文物普查和馆藏文物的调查和数据库建设。在全面完成实地调查阶段任务的基础上，开展第三次全国文物普查调查资料的整理、汇总、数据库建设。继续开展馆藏文物的调查和数据库建设工作。要做好第七批全国重点文物保护单位申报工作。重庆市已申报 74 个文物保护单位为第七批全国重点文物保护单位，其中抗战遗址 48 个，重庆市文物局要配合国家有关专家到重庆市实地考察，力争更多的抗战遗址进入全国重点文物保护单位之列。

要推进重点文物保护工程。一是抗战遗址抢救维修工程。2010 年前全力推进 120 处重要革命遗址、抗战遗址的抢救维修工作，力争完成 35 项。二是大足石刻千手观音保护工程。完成大足石刻千手观音造像抢救性修复方案的编制和评审工作，并争取尽快实施。三是合川钓鱼城遗址保护工程，启动保护规划编制工作。

要加快重大博物馆设施建设。推进重庆自然博物馆、三峡移民纪念馆、中国民主党派历史陈列馆、重庆文化遗产保护中心大渡口基地、重庆大足石质文物保护中心建设，规划建设重庆抗战遗址博物馆、重庆工业遗产博物馆、大足石刻艺术陈列馆等项目。

要加大文物抢险维修经费的投入。目前，虽然文物保护专项经费投入也有较大增加，但是常年文物维修经费仅275万元，大大少于其他一些省和直辖市，文物保护资金缺口与现实需求差距巨大。建议市政府逐年增加对文物常年维修的资金投入。

要进一步做好三峡库区考古和文物保护工作，组织专业单位调查消落区文物状况，核实数据，制定专项保护规划；组织力量在三峡库区水位回落时期，加强消落区文物巡查工作，发现文物及时采取抢救性保护措施。同时，加强经费使用管理，抓紧组织开展已有考古资料整理和报告出版工作，确保三峡工程文物保护项目圆满完成。进一步规范基本建设工程考古和文物保护工作，加大项目审批、经费和安全方面的管理和指导力度，切实提高工作质量，并增强公众服务意识，宣传考古和文化遗产保护工作成果。

在湖南省文物安全工作座谈会上的讲话

（2010年10月28日·湖南里耶）

今天，参加了一系列令人难忘的活动，十分激动，十分感慨。首先，参加了龙永、永吉高速公路的开工动员大会。这是我离开城市规划部门以后第一次参加重要基础设施的开工仪式，高速公路的建设与文化遗产保护密切相关，工程建设中依照《文物保护法》，先期开展了考古调查工作，高速公路工程建设以后，对于文化遗产的保护和展示也将给予有力的支撑。

特别是参观了里耶简牍博物馆和参加了里耶古城考古遗址公园的开园仪式。经过五年多的考古研究和规划建设工作，里耶古城考古遗址公园和里耶简牍博物馆正式向公众开放，这不但是湖南省文化遗产保护的一件大事，也是全国文化遗产保护的一件喜事。

八年前，我到国家文物局工作之初，第一次出差就到了湖南，落实37000多枚秦代简牍的保护工作。这批秦代简牍极大地丰富了秦王朝历史文献资料，对于重新认识秦王朝历史，揭示和复原当时文化风俗、社会状况和经济结构等具有重要意义。从某种意义上说，里耶秦简的考古价值可与殷墟甲骨文、敦煌文书媲美，是继兵马俑之后秦代考古的又一惊世发现。

五年来，湘西土家族苗族自治州全力投入，结合里耶古城考古遗址公园建设工作，稳步实施了遗址本体保护、学校搬迁、环境整治、历史街区修缮、遗址博物馆建设等多项保护工程，有效改善了考古遗址周边环境，让里耶古城所承载的独特历史文化内涵得到了新的阐释和解读，使公众能够走进考古遗址、读懂考古遗址。在刚刚结束的首批国家考古遗址公园评定工作中，里耶古城考古遗址公园进入首批立项名单,这是对里耶古城遗址保护工作的最好肯定。近年来，对于湖南省的文物保护工作，我们给予高度关注。

（1）因为湖南省在新的文化遗产保护理念下，文化遗产保护资源的价值和重要性愈加突显。如果说按照传统的文物保护理念来看，山西、河南、陕西等省可能被认为是文物资源大省，那么按照今天文化遗产保护理念来看，湖南也是名副其实的文化遗产资源大省。

（2）因为近年来湖南省在文化遗产保护方面不断创造出典范性经验。无论是在文物保护法规建设、文物保护资源调查、文物保护人才培养、文物保护安全保障等各项工作，还是在考古研究、文物建筑修缮、博物馆建设、文物市场管理等各个方面都不断取得重要成果和新鲜经验。

（3）因为湖南省对于文化遗产保护高度重视，在全国的省、自治区、直辖市中极为突出。特别是周强书记对于文化遗产保护的高度重视，亲自指挥，高瞻远瞩，令人感动。如果我们做不好湖南省的文物保护工作，对不起省委省政府的高度重视，也对不起湖南省广大民众的热情支持。支持湖南省的文化遗产保护工作是我们的本职工作，责无旁贷，我们将加倍努力。

在“众志成城　雷霆出击——全国重点地区打击文物犯罪专项行动成果展”开幕式上的致辞

（2010年11月17日）

今天，“众志成城　雷霆出击——全国重点地区打击文物犯罪专项行动成果展”隆重开幕了。我谨代表国家文物局，对公安部的高度重视，对各地公安、文物部门的大力支持，对展览筹备各方同志们的辛勤努力，表示衷心感谢！

全国重点地区打击文物犯罪专项行动是公安部、国家文物局联合部署的一次针对性强、涉及面广、打击力度大的重要行动，是新形势下我国保护文物安全的一项重要举措。专项行动中，各地政府高度重视、认真安排、保障到位；公安和文物部门密切配合、攻坚克难、战果辉煌；社会各界民众积极参与、协助侦办、群策群力。一批犯罪团伙被绳之以法，大量珍贵文物得以保护和保存，一些地区文物犯罪高发势头得到遏制，良好的文物管理秩序得到恢复。哪里有文物犯罪，哪里就有我们国宝卫士们的雷霆亮剑，有广大民众保护文化遗产的天罗地网。

公安部和国家文物局联合举办全国重点地区打击文物犯罪专项行动成果展，既是对此次集中打击文物犯罪丰硕成果的全面总结，也是对两部门精诚配合、不畏艰难、甘于奉献精神的大力弘扬，同时更是为进一步加大打击文物犯罪力度、加强安全防范吹响了新的号角。

当前文物安全形势依然严峻，防范和打击文物犯罪工作任重道远。让我们在广大民众和社会各界的支持和参与下，携手并肩、密切配合、积极行动，以坚强的决心，合力铲除文物犯罪，建立文物安全长效机制，构筑保障文化遗产安全的钢铁长城，为祖国文物保护事业做出新的更大的贡献。

全国重点地区打击文物犯罪专项行动成果展

在西安文物安全工作会议上的讲话

（2010年12月6日·陕西西安）

最近一段时间，西安秦东陵、汉宣帝杜陵、新寺遗址、丰镐遗址等重要古墓葬、古遗址连续发生盗掘案件，甚至秦始皇陵遗址公园内的汉墓也发现盗洞，引发了新闻媒体的广泛关注。

针对秦东陵等案件，国家文物局近期已经多次督办，专门向陕西省政府办公厅发出了《关于请进一步加强田野文物安全工作的函》，并向全国印发了《关于加强田野文物安全工作的紧急通知》。特别是11月23日至24日，国家文物局、公安部联合赴陕西督办“10·20秦东陵被盗案”“4·3唐建陵石刻被盗案”和“9·22澄城善化乡盗掘古墓未遂案”，督察组与省政府、省文物局以及西安市、咸阳市、渭南市政府负责同志充分交换了意见。上述文件、会议提出的各项要求，充分表明了国家文物局的明确态度，希望有关方面尽快予以落实。

古遗址、古墓葬屡屡被盗，不仅给文物造成了不可挽回的损失，同时也严重毒化了社会风气，危害极大。特别是在陕西这样一个文物大省，西安这样一个文物大市，恶性盗墓案件屡屡发生，直接影响到政府在广大民众心目中的形象。结合本次调研了解到的情况，我再谈几点意见。

陕西查处秦东陵盗掘案件

一、高度重视文物安全工作，落实文物保护主体责任

《文物保护法》明确规定，地方各级政府负责本行政区域内的文物保护工作，负有文物保护主体责任，希望省、市政府负责同志充分重视古遗址、古墓葬屡被盗掘、破坏的严重性和危害性，加强对文物安全工作的领导和组织协调。具体来讲，一是落实文物安全政府责任制，希望陕西省政府能够在全国率先尝试，将文物安全纳入对西安、咸阳、宝鸡等文物大市政府的年度考核内容，建议西安市政府借鉴其他地区经验，明确对县（区）级政府文物保护工作的具体要求，纳入年度考核，施行“文物安全一票否决”；二是加强地方法规建设，特别是要针对不可移动文物保护管理实际情况，以政府名义出台安全管理规定，系统解决文物安全面临的突出问题，细化任务、明确要求，实行量化管理，把文物安全保卫工作的各个

环节纳入制度化的管理轨道；三是希望各级政府坚决贯彻落实《陕西省重大文物安全事故责任追究暂行规定》，发生重大文物安全事故，要严肃追究相关人员特别是国家工作人员责任，实施“文物问责”。对于秦东陵特大盗掘案，请西安市理清事实，彻查责任，落实责任追究。

二、继续加大打击力度，坚决遏制文物犯罪案件高发势头

实践证明，面对利欲熏心的文物犯罪分子，必须始终保持对各类文物犯罪活动的严打高压态势，坚持“以打开路、打防结合”。一是要在政府领导下协调各有关职能部门形成合力，建立打击文物犯罪长效机制。西安市长安区政府协调公安局、工商局、司法局、文物局等部门，组建由区领导挂帅的“打击文物犯罪办公室”，从

河南巩义宋陵文物安全夜间检查

各单位抽调精兵强将开展日常工作，是非常好的做法，希望在西安市乃至全省范围内总结推广。二是文物资源密集、文物犯罪高发地区，一旦出现案件高发苗头，地方政府要协调有关部门迅速开展专项行动，坚决打击文物违法犯罪行为。针对目前的严峻形势，希望陕西省特别是西安市尽快组织开展新一轮打击文物犯罪专项斗争，加大对犯罪分子的打击与震慑力度。三是警力资源要切实向文物保护领域倾斜，一方面在公安机关内部建立专司文物犯罪的机构、队伍；另一方面重视基层派出所对辖区内文物资源的打防管控工作，重视文物、公安联合执法队伍的建设，不断充实、加强执法力量。

三、总结反思安全防范工作，全面加强田野文物管护力度

根据关于加强安全工作的有关要求，发生重大文物安全事故，要按照“四个不放过”原则进行处理（即事故原因不查清不放过，事故责任者得不到处理不放过，整改措施不落实不放过，教训不吸取不放过）。秦东陵等案件，既暴露出基层、一线文物管理机构人员少、经费匮乏、装备水平低、能力与任务不匹配等普遍性问题，又暴露出个别地方文物部门、文博单位缺乏责任心、管理不到位。各级文物部门要深刻吸取这几起重大案件的教训，一方面要做好向地方政府的汇报工作，恳请各级政府进一步加强文物保护管理机构建设，充实文物保护执法力量，加大田野文物人防、物防、技防各方面的投入力度，为基层单位解决实际困难。巩义宋陵石刻被盗案、长沙“12·29”系列盗掘案发生后，当地政府高度重视，切实加大人力、财力、物力各方面投入，变被动为主动，文物保护工作面貌得以彻底改观，希望西安市能够吸取这方面的经验。另一方面，文物部门要在现有基础上强化责任意识，健全规章制度，加强巡查防控，严

防死守，确保文物安全。同时，要针对近年来发生的监守自盗案件和重大文物安全责任事故，及时开展文物系统从业人员职业道德教育和失职、渎职犯罪警示教育，着力建设一支忠于事业、恪尽职守的文物工作队伍。

陕西是地下文物埋藏最为丰富的文物大省之一，希望各级政府能够一如既往的重视文物安全工作，常抓不懈，长线投入，长效防范，让三秦大地成为犯罪分子望而却步、文物资源永续长存的文物安全首善之区！“十二五”期间，国家文物局将组织开展文物安全示范区试点工作，希望陕西省能够积极参与，做出新的探索与实践。

在与公安部领导座谈时的谈话

（2011年1月21日）

新春将至，非常高兴能与公安部领导再度会面，回顾2010年携手取得的丰硕成果，共谋下一步的合作发展。长期以来，公安部对国家文物局的工作给予了大力支持，特别是2010年，部局合作水平上升到新的高度。

一是根据公安部的建议，国务院批准建立了全国文物安全工作部际联席会议制度，在公安部领导的支持下，国家文物局成功组织召开了第一次联席会议，文物安全长效机制初步建立。二是共同部署开展“全国重点地区打击文物犯罪专项行动”，共侦破文物案件541起，打掉犯罪团伙71个，抓获犯罪嫌疑人787人，追缴文物2366件，此次专项行动是近10年来覆盖范围最广、打击力度最大的一次，痛击了犯罪分子的嚣张气焰，战果辉煌。两部局在军事博物馆联合举办了专项行动成果展，表彰了专项行动中涌现出来的先进集体和个人。展览14天时间，吸引了1万余名观众参观，开闭幕均成为新闻媒体关注热点，社会反响强烈。三是共同督办大案要案，公安部刑侦局对文物案件高度重视，与国家文物局现场督办了河南驻马店“1·1”特大盗掘案、秦东陵一号陵园一号墓被盗案等一批重大案件，案件得以迅速侦破，成功追缴了唐贞顺皇后石椁椁等一大批珍贵文物，为国家挽回了损失。四是研究建立“打击文物犯罪情报中心”，为打击、防范文物犯罪提供技术支持。公安部刑侦局和国家文物局督察司的同人们为此倾注了大量的心血，初步确定依托陕西省公安厅刑侦局建立打击文物犯罪情报中心，国家文物局支持的 80 万元启动经费也已经拨付到位。

此外，两部局联合开展了“文物单位消防安全大检查”，是自 2003 年以来检查整改力度最大的一次；为表彰对南澳一号沉船保护做出的突出贡献，国家文物局授予了广东省汕头市云澳边防派出所“文物保护特别奖”，并颁发奖金 20 万元。

2010 年共同开展的这些工作，有点有面，成效突出，国家领导给予了高度肯定，我代表国家文物局，代表全国文物系统职工，对公安部的大力支持表示感谢，对广大公安干警的无私奉献致以崇高的敬意！

回首一年的工作，我们真切体会到，要做好文物安全工作，必须加强公安机关和文物部门的协调配合，坚持打击与防范双管齐下，两手并重。当前田野文物安全形势还非常严峻，特别是拟取消文物犯罪死刑的消息传出后，一些地区文物犯罪案件出现较大反弹，甚至出现冲击公安机关、袭击文物执法人员的恶性案件。2011 年国家文物局将多措并举加强田野文物安全防范工作，同时恳请公安部在以下方面继续予以支持。

一是开展新一轮打击文物犯罪专项行动。建议请公安部刑侦局和国家文物局督察司共同商定工作方案，适当扩大重点省份范围，争取在第一季度，由公安部、国家文物局联合召开工作会议进行动员部署。希望公安部领导能够亲自参加会议，并共同为去年全国重点地区打击文物犯罪专项行动的先进集体、先进个人颁奖。二是推动“打击文物犯罪情报中心”投入运行。特别希望情报中心能够尽快挂牌并早日发挥作用，如时间允许，与公安部领导共同出席情报中心挂牌仪式，国家文物局将研究支持情报中心长期运行的长效机制。三是建议今年的专项行动结束后，公安部与国家文物局再次联合举办专项行动成果展，加大宣传力度。四是拟在第四季度召开第二次全国文物安全工作部际联席会议，共同总结工作成果，研究明年工作。

春节将至，给公安部领导拜个早年，也请代为转达全国文物工作者对公安干警的节日问候！

关于立项建立国家文物安全与违法预警系统的提案①

（2011 年 3 月）

文物是不可再生的文化资源，是民族发展的历史见证、民族精神的重要象征和民族智慧的生动体现。当前，我国正处于经济高速发展阶段，在持续升温的城市开发改造和快速推进的城市化进程中，威胁文物安全的破坏行为不断发生，火灾事故和盗窃、盗掘、走私文物犯罪案件屡禁不止，文物保护面临十分严峻的形势。高发的文物违法案件、安全事故与薄弱的文物执法力量之间的矛盾，日益繁重的文物保护任务与不健全的文物保护监管机制之间的矛盾愈显突出。因此，如何扭转被动局面，解决文物安全方面的重大问题，在文物保护过程中，逐步实现“预防为主、事前监管”，有效遏制破坏文物的事件再度发生，是当前亟待研究和解决的重大课题。

截至 2010 年 12 月，第三次全国文物普查共调查登记不可移动文物 80 余万处，而全国文物系统专兼职执法人员不足 1 万人，每人平均负责监督管理近百处不可移动文物，而这些不可移动文物中，有的地处偏隅，有的占地达几十平方千米，例如内蒙古自治区幅员辽阔，不可移动文物点多面广，而自治区文物局仅有 6 名文物执法

① 此文为在全国政协十一届四次会议上的提案，联名提案人：詹祥生　王霞　王书平　王立平　王兴东　龙瑞　田青　冯英　尼玛泽仁朱乐耕　仲呈祥　刘敏　杜滋龄　李素华　杨力舟　吴玉霞　宋春丽　宋祖英　张健　张海　张会军　张国勇　张学津　阿拉泰　陈力　陈醉　陈祖芬　林文增　赵维绥　侯露　姜昆　秦百兰　耿其昌　贾平凹　夏燕月　徐翔　郭瓦加毛吉　黄济人　董良翚　于魁智　马博敏。

人员，为开展文物执法巡查工作常年奔波于中途中，往往顾此失彼；新疆维吾尔自治区楼兰古城遗址地处无人沙漠区，面积约12万平方米，犯罪分子时常乘虚而入，而楼兰文物保护站只有4名工作人员，进行一趟周界巡查需要耗时数周，根本无法及时深入遗址腹地开展检查工作；陕西省境内的帝王陵墓近百座，大大小小的陪葬墓（坑）更是星罗棋布，现有人力难以对这些文物的保护状况开展有效的检查和监督。

另外，由于人力不足也导致日常工作难以到位，很多涉及文物的违法案件和安全事件往往事后才被发现，错过了处理违法事件和维护文物安全的最佳时机，文物的直接损失和相应的综合损失难以挽回。例如福建省福州市乌塔保护范围内的违法建设案件，因建设活动已经进行较长时间，工程具有了一定规模，后被停工整改长达18个月，给当地政府和开发企业造成数亿元经济损失；安徽省宣城市广教寺双塔保护范围内的违法建设，造成地下遗迹损毁严重，文物损失无法挽回，劣质的违法建筑被拆除，直接经济损失数千万元。全国范围内的类似案例举不胜举。同时，目前的文物安全监管水平较低、措施单一、手段落后，现代高科技管理手段还没有被广泛应用于监管领域，针对威胁文物安全的因素，预警能力完全不能满足现实需要。

应对当前文物安全形势，及时转变文物执法督察和安全监管工作方式，实现工作重心前移，将“事后”的亡羊补牢尽快转变为“实时监督”和“事前防范”，是确保文物安全的治本之策。应考虑在国家层面，充分利用现有科学技术逐步建立高效、适用的文物安全与违法预警系统，有效降低文物违法行为和安全事故的发生概率。国家文物安全与违法预警系统应包括以下内容。

（1）充分利用现代高科技手段对世界文化遗产、全国重点文物保护单位、大型考古遗址、文化线路、文化景观等进行实时监控。一方面，参考国土、建设、环保等系统的成功经验，利用卫星遥感监测实现实时监控，有效提升预警的时效性、准确性。另一方面，加快文物保护单位的终端防范与监控设备建设，逐步实现区域性系统集成，构建互动即时的监控网络。

（2）建立健全文物安全投诉举报渠道，建设电子化举报平台，加大社会公众线索供给度，便于对信息进行收集、整理、筛选、分析。

（3）充分发挥新闻媒体社会警示作用和宣传教育作用，积极与媒体建立互信互通机制，扩大社会知晓面。

为此，建议由国家发展改革委牵头，研究国家文物安全与违法预警系统建设的可行性和资金渠道，会同相关部门研究具体建设实施方案，力争“十二五”期间初步建立集文物安全动态监测、执法督察预警和文物安全评价分析的全方位多角度的现代化应用系统，掌握文物安全的现状和变化情况，对不安全状况及时发出预警报告，为采取措施和科学决策提供有力依据，将破坏文物的违法行为和安全事故扼杀于萌芽之中，确保文化遗产的安全。

关于加强文物违法行为行政责任追究的提案[①]

（2011 年 3 月）

近年来，伴随着大规模城市开发建设和“旧城改造”的实施，文物保护单位及其环境、历史文化街区遭受破坏和影响的事件时有发生，威胁文化遗产安全的违法行为屡禁不止。据统计，每年仅国务院文物行政部门接报的违法案件就多达数百起。这些案件涵盖的文物范围越来越广，涉及的文物级别越来越高，调查处理的难度越来越大。面对当前的形势，从更高层面对破坏文物的违法行为加大惩处力度，切实保护好各级文物保护单位及其环境，迫在眉睫。

当前，涉及文物保护单位的违法破坏行为屡禁不止，主要有两方面原因。

（1）重大文物违法行为中，违法主体多为地方政府部门或地方政府下属的企业法人。例如安徽省宣城市在文物保护单位广教寺的遗址上建造钢筋混凝土的仿古建筑，破坏文物保护单位事件；安徽省泗县房地产开发商强行拆除文物保护单位释迦寺事件；江苏省镇江市双井路宋元粮仓遗址遭到破坏事件；黑龙江省宁安市将工业厂房直接搭建在文物遗址上造成文物破坏事件。此类事件不胜枚举，

① 此文为在全国政协十一届四次会议上的提案，联名提案人：夏燕月　董良翚　宋祖英　侯露　宋春丽　张国勇　田青　郭瓦加毛吉　陈醉　阿拉泰　张会军　王书平　詹祥生　耿其昌　张健　赵维绥　张海　尼玛泽仁　杜滋龄　王霞　王川平　于魁智　林文增　徐翔　陈力　贾平凹　杨力舟　龙瑞　冯英　仲呈祥　张学津　黄宏　陈祖芬　刘敏　姜昆　王立平　秦百兰　马博敏　朱乐耕　吴玉霞　王兴东。

最终处理结果多以罚款了事，相关责任人得不到应有惩戒。

（2）对破坏文物保护单位违法行为的查处缺乏监督和问责。《文物保护法》中规定，涉及文物的违法行为中，负有责任的主管人员或其他责任人员是国家工作人员的，依法给予行政处分。具体实施中由于缺乏对责任落实的监督，追究相关国家工作人员的行政责任时，往往会出现避重就轻，甚至不予追究的情况。违法责任迟迟得不到落实，法律的权威大打折扣，既严重阻碍了文物保护事业的发展，也严重损害了政府的公信力。同时，由于文物保护责任未完全纳入领导责任制，不少因重大建设项目的决策失误或具体实施过程中发生破坏文物的违法案件，常常得不到地方政府主要负责人的重视。因此，从落实监督责任追究方面和纳入工作考核方面，强化文物保护行政督查责任，建立完善的长效机制，是当前文物保护行政执法工作中亟待解决的突出问题。

文物是全人类的共同文化财富。保护好文物是法律赋予的神圣职责。针对近年来文物保护单位的违法破坏行为多发，文物资源屡遭破坏的严重态势，社会各界、政府各相关部门均应加大对破坏文物违法行为的惩处力度，将法律责任落到实处，为此提出两条建议。

（1）建议纪检监察部门加强对破坏文物违法行为中涉案国家工作人员行政责任的追究力度。违法必究是建设法治国家的重要方面。加强对违法行为的责任追究，是维护党纪国法权威、震慑违法行为的重要途径。因此，应制定和建立相应的破坏文物违法行为和安全事故行政责任追究制度，明确落实行政责任追究的具体措施和监督机制。按照属地管理、分级负责的原则，完善文物保护地方政府责任制，地方政府及部门一把手是第一责任人，强化地方政府及部门领导的文物保护责任意识和法律意识；对于文物违法行为中的涉案国家工作人员，要根据案件严重程度，依纪依法严肃追究相关责任人的行政责任。上级纪检监察部门应定期对下级纪检监察部门追究破坏文物违法行为的情况进行检查，加大监督力度，进一步从制度层面加强对破坏文物违法行为的惩治力度。

（2）建议组织人事部门将文物保护责任纳入干部考核评定内容。可先期在文物资源丰富的地区进行试点，逐步将文物保护工作纳入地方政府领导和相关部门负责人的考核评定工作中，建立相应的干部考核办法。对于文物保护工作不力的地方领导和相关部门负责人，应当采取诫勉谈话等措施，督促其履行文物保护责任；对于发生重大文物违法犯罪案件和重大文物安全事故的地方领导和相关部门负责人，应实行考核评定一票否决制度，以更好地约束地方领导和部门负责人的行政行为，使其能够切实遵守文物保护法律法规，逐步建立文物安全的长效机制。

关于在城市地下空间开发中加强文物保护的提案[1]

（2011年3月）

随着近年来我国经济高速发展和城市化进程的加速，越来越多的人口向大中型城市集中，城市人口膨胀的速度远大于城市基础设施建设的速度，城市环境、交通各方面面临巨大的压力。为了解决城市发展所带来的人口膨胀、交通拥堵、资源短缺等问题，北京、上海、广州等大城市纷纷从地上建设，转向同时注重地下空间开发，人力推动地下车库、地下广场、地下购物中心、地下轨道交通等复合型地下市政设施建设。

以北京为例，根据北京市地下空间综合利用相关数据表明，截至2007年9月，北京市共建有地下空间近26000处，建筑面积达3600余万平方米。“十二五”期间，北京地下空间开发将进入全面建设期，例如北京丰台丽泽商务区将建设六层地下空间，通州新城核心区规划已通过北京市批复，地下空间共分4层。另据报载，全国已有25个城市获批准修建地铁。这标志着我国已步入城市地下空间大规模开发利用阶段。

我国大多数大中型城市历史沿革悠久，且属于典型的“重叠式

① 此文为在全国政协十一届四次会议上的提案，联名提案人：王永志　王霞　王川平　王书平　王立平　王兴东　龙瑞　田青　冯英　尼玛泽仁　仲呈祥　刘敏　杜滋龄　李素华　杨力舟　宋春丽　宋祖英　张健　张海　张会军　张国勇　张学津　阿拉泰　陈力　陈醉陈祖芬　林文增　赵秀云　赵维绥　侯露　姜昆　秦百兰　耿其昌　贾平凹　夏燕月　徐翔　郭瓦加毛吉　黄济人　董良翚　于魁智　马博敏。

的”城市，拥有大量地下文化遗存。这些珍贵的城市地下文化遗存，是研究城市发展历史的重要考古资料，也为今天城市规划和建设提供重要的基础性资料和直接证据，是我国文化遗产的重要组成部分。《文物保护法》及其《实施条例》等法律法规，对于加强地下文物保护做出了明确的规定，要求建设单位进行大型基本建设工程时，应当事先报请省、自治区、直辖市人民政府文物行政部门，组织从事考古发掘的单位在工程范围内有可能埋藏文物的地方，进行考古调查、勘探。但是，在城市建设实际工作中，一些地方片面追求短期经济利益，文化遗产保护意识淡薄，盲目进行城市开发和热衷于“政绩工程”，城市地下建设工程施工前，并未报请文物部门进行考古调查、勘探，个别建设和施工单位甚至在施工中发现考古遗址、文化遗迹和出土文物时隐瞒不报，导致大量珍贵文化遗产毁于铁镐、挖掘机、盾构机下，造成了不可挽回的损失。

在城市地下空间开发利用过程中，文物保护、城市发展、市民生活改善等方面的问题往往交织在一起，正确处理好建设与保护的关系，对于保持经济社会全面、协调、可持续发展具有十分重要的意义。城市地下空间开发难度高、工程量大，对文化遗产保护影响尤为突出，在当前我国地下城市空间大规模开发的背景下，协调和处理好城市地下空间开发和文物保护的关系，已成为日益突出和亟待解决的问题。

目前，我国城市地下空间开发利用国家层面的法律依据是建设部 1997 年颁布实施的《城市地下空间开发利用管理规定》。该规定虽然于 2001 年进行了修订，但是仍然过于原则。根据该规定，国务院建设主管部门负责全国城市地下空间的开发利用管理工作，城市地下空间建设规划由城市人民政府城市规划行政主管部门负责审查后，报城市人民政府批准。城市地下空间开发利用专业性强、涉及的部门多，与文物保护以及广大民众的生活息息相关。为加强城市地下空间开发利用过程中的文物保护，提出如下建议。

（1）建议住房和城乡建设部明确要求城市规划部门在城市地下空间开发建设规划过程中，切实增强文物保护观念，将文物保护的要求体现到城市地下空间开发建设规划的各个层面，将文物保护要求融入城市地下空间开发建设规划设计之中，避免文物保护与工程建设的割裂。城市规划部门要在组织编制城市地下空间建设规划或批准城市地下空间工程建设项目前，征求文物部门意见，从而确保文物部门能够提前介入城市地下空间开发建设，依法履行文物保护职责，有效保护城市地下文物。

（2）建议住房和城乡建设部尽快修订《城市地下空间开发利用管理规定》，进一步完善相关法规，明确规定在实施城市地下空间工程建设项目之前，应开展必要的文物影响评估以及考古调查、勘探、发掘和保护工作，将地下文物保护列为城市地下空间建设工程项目立项审批时的前置条件。

关于对文物进出境审核机构实行垂直管理的提案[①]

（2011 年 3 月）

文物进出境审核是《文物保护法》赋予文物行政部门的一项重要职责，文物进出境审核工作是遏制文物流失的重要关口。据不完全统计，几十年以来，各地国家文物进出境审核机构避免了数十万件的文物非法出境，为防止文物流失、维护国家文化权益发挥了非常重要的作用。

中华人民共和国成立后，我国政府高度重视文物进出境审核工作。1951 年天津首先组建鉴定组，开始对出口文物进行鉴定，对超过标准的文物依法截留。1952 年以后，上海、广东和北京也先后开始这项工作。20 世纪 80 年代后期，江苏、浙江、福建、云南等省开始文物出口鉴定工作。20 世纪 90 年代，全国的鉴定机构增加到 17 个，统称国家文物出境鉴定站，其中一部分是省文物行政主管部门直属的单位。经过 2008 年对各文物进出境审核机构核查、整顿，暂停四川、辽宁、山西文物进出境审核资质，还有 2010 年经过整改对四川、辽宁恢复文物进出境审核资质后，全国现有 16 个文物进出境审核机构。国家文物局授权文物进出境审核机构以“国家文物进

① 此文为在全国政协十一届四次会议上的提案，联名提案人：詹祥生　王霞　王书平　王立平　龙瑞　田青　冯英　尼玛泽仁　朱乐耕　仲呈祥　刘敏　杜滋龄　李素华　杨力舟　吴玉霞　宋春丽　宋祖英　张健　张海　张会军　张国勇　张学津　阿拉泰　陈力　陈醉　陈祖芬　林文增　赵维绥　侯露　姜昆　秦百兰　耿其昌　夏燕月　徐翔　郭瓦加毛吉　黄宏　董良翚　于魁智　马博敏。

出境审核管理处”的名称开展工作。

由于历史和管理体制等方面的原因，在文物进出境审核机构管理中存在着如下问题。

（1）行政主体不合法。《中华人民共和国行政许可法》要求行政许可事项执法主体应为行政机关，《文物进出境审核管理办法》规定文物进出境审核机构是文物行政执法机构，依法独立行使职权。但是，从全国各文物进出境审核机构现状看，均为事业单位性质，其上级部门包括省级文物行政部门、博物馆或文物保护中心。绝大部分文物进出境审核机构不具有独立法人资格，基本不具有行政执法主体资格，难以独立行使文物进出境审核的行政职能。

（2）地方政府重视不够，机构建设薄弱。各审核机构虽然由所在地省级文物行政部门直接管理，但多数主管部门认为该机构承担的是国务院文物行政部门委托的工作，文物进出境审核工作与地方利益无关，所以对其重视不够，从而对进出境审核机构保障不足，处于文物系统边缘地位。主要表现为，专业人才匮乏，编制挪用现象严重，队伍老龄化问题较为突出；经费紧张，多数地方对审核机构的拨款仅限于人头费，基本没有设立专项工作经费；办公条件较差，技术手段落后，办公场地普遍紧张。

（3）事权职责不清，所承担地方性工作内容庞杂。按照相关法律规定，各审核机构的职责范围是国家层面的，但实际上除北京以外，其余各地审核机构还受地方文物行政部门指派，承担了大量地方层面的工作，例如博物馆藏品定级、涉案文物司法鉴定、文物拍卖标的审核、有关省（市）文物鉴定委员会日常工作等，而这些工作本应由地方其他文物机构承担。上述繁多的头绪模糊了审核机构的性质、定位和职责，严重影响了文物进出境审核工作的正常开展。

存在以上问题的根本原因在于管理体制的不顺畅，由国务院文物行政部门委托地方开展的文物进出境审核事项与审核机构所在地政府所能提供的人员编制、经费保障存在较大矛盾，各审核机构在工作有效开展、人员管理和培养等方面存在诸多困难。目前，我国涉及进出境管理类的行政执法机构，例如海关、出入境商品检验、出入境卫生检疫、濒危物种进出口管理、边防检查等机构，都实行了垂直管理，机构性质为行政机关或参照公务员管理单位。

针对国家文物进出境审核机构普遍存在的问题，为理顺管理体制，提高运行效率，建议请中央机构编制委员会办公室研究文物进出境审核机构垂直管理问题，适时建立国务院文物行政部门和地方文物行政部门双重领导，以国务院文物行政部门领导为主的管理体制。各审核机构属于国务院文物行政部门的派出机构，其设立、撤销及人员任用，由国务院文物行政部门决定，其经费、办公设施和物资由中央财政解决；各审核机构性质为行政机关或具有行政执法资格的参照公务员管理单位；审核机构人员编制由中央机构编制委员会办公室核准、审批；审核机构可以根据地方文物行政部门要求，承担部分文物司法鉴定等方面的工作。

关于抓紧消除全国重点文物保护单位太庙火险隐患的提案[①]

（2011 年 3 月）

北京太庙位于天安门东侧，始建于永乐十八年（1420 年），为明清两代皇家宗庙，具有重要的历史、艺术和科学价值。中华人民共和国成立后，周恩来总理亲自批准将太庙改为劳动人民文化宫，交由北京市总工会作为工人文化娱乐场所，并于 1950 年正式开放。1988 年，太庙被国务院公布为全国重点文物保护单位。现为北京市组织群众文化活动的重要场所。

多年来，北京市文物行政部门和劳动人民文化宫针对太庙古建筑群及其环境开展了大量保护工作，使这处全国重点文物保护单位得到有效保护与合理利用，在首都开展传统文化教育和市民精神文化生活等方面发挥着重要作用。但是，由于历史原因，目前太庙文物保护范围内仍然存在大量居民棚户区，对古建筑群的安全构成重大隐患，为此太庙也多次被北京市文物行政部门列为重大安全隐患单位。

太庙居民棚户区主要集中在太庙文物保护范围的东北角区域，包括两个部分。一部分位于该区域东侧，与南池子大街相通，即南

---

① 此文为在全国政协十一届四次会议上的提案，联名提案人：詹祥生 王霞 王川平 王书平 王立平 王兴东 龙瑞 田青 冯英 尼玛泽仁 朱乐耕 仲呈祥 刘敏 杜滋龄 李素华 杨力舟 宋春丽 宋祖英 张健 张海 张会军 张国勇 张学津 阿拉泰 陈力 陈醉 陈祖芬 林文增 赵维绥 侯露 姜昆 秦百兰 耿其昌 夏燕月 徐翔 郭瓦加毛吉 黄宏 董良翚 于魁智 马博敏。

池子大街 53 号院，是 20 世纪 50 年代劳动人民文化宫用于安排退伍转业军人和青年职工的单身宿舍，现有住户 46 户。另一部分位于该区域西侧，原为建于 20 世纪 50 年代的劳动人民文化宫木工室和职工浴室，“文化大革命”期间被分成一间间房屋，用于安排部分单身职工和退伍转业军人，成为集体宿舍，现有住户 22 户。此外，还有 7 户分别居住在原体育场等处。目前，太庙文物保护范围内共有住户 75 户，房屋 169 间，总占地面积约 4200 平方米，居民棚户区内人口密集，基础设施落后，对太庙古建筑群的安全构成严重威胁。主要存在以下问题。

（1）由于不具备天然气管道和热力供暖条件，居民大量采用液化气罐等做饭、用煤取暖，大量无序的用油、用气、用火、用电，对太庙古建筑群和居民自身安全构成严重隐患。

（2）由于住户家庭人口自然增长，现多为两、三代人挤居一室，居民住房向室外扩张而挤占通道，有的平房顶上又加盖房屋，再加上居民自行增装的空调和淋浴等设施，造成通道狭窄，一旦发生火灾等安全事故，无法实施扑救。

（3）居民棚户区住户搭建临时简易设施用作储煤、储物及简易厨房，或者堆放生活杂物，该区域还有众多古柏、杨树等高大树木，易燃物品杂乱繁多，极易发生火灾事故。

（4）居民棚户区造成太庙周边环境复杂，无法按要求安装周界报警监控等必需的安防设施、设备，治安环境和安防条件差，严重威胁太庙古建筑群和居民人身财产安全。

（5）居民棚户区房屋年代久远，建筑主体腐朽、墙瓦裂缝、地面沉陷，许多已成为危房，难以进行实质性改造维修，遇有自然灾害，随时有垮塌的危险。

（6）职工居住空间狭小嘈杂，交通堵塞，社区卫生条件极差，生活极其不便，且居住棚户区无法增建水电气、交通、厕所等基础设施，生活条件无法从根本上改观，居民普遍具有强烈的改善居住条件的愿望。

多年来，北京市总工会、北京市文物局和劳动人民文化宫虽然采取了一些临时应急措施，力图改善居民棚户区的生活条件，严格控制安全事故，但是无法从根本上解决安全隐患，文物安全时刻面临威胁。而且，一旦出现险情，将会造成严重后果，太庙文物建筑群以及国家、集体、个人生命财产将受到极大损失。

鉴于太庙的历史文化价值、在广大民众中的影响力及其特殊地理位置，整体搬迁居民棚户区，彻底整改太庙古建筑群安全隐患，已成为当务之急。为此，建议北京市政府采取以下措施。

（1）加快太庙保护范围内棚户区搬迁整治工作，将劳动人民文化宫内的职工宿舍整体迁出太庙文物保护范围，以彻底解决安全隐患，同时改善住户的居住条件和生活水平。

（2）在太庙文物保护范围内的居民棚户区拆迁整治完成前，北京市总工会和劳动人民文化宫要进一步采取有效措施，加强安全防范，做好居民安全宣传教育，严防火灾和其他安全事故发生，确保太庙文物建筑群安全，维护该地区社会稳定。

（3）太庙文物保护范围内的居民棚户区完成拆迁改造后，要恢复太庙历史环境风貌，提升太庙的整体文物价值，美化太庙周边城市环境，为首都核心区增添新的城市文化景观。

太庙安全检查

在“2011年打击文物犯罪专项行动”动员部署会议上的报告

（2011年5月11日·陕西西安）

今天，公安部和国家文物局联合召开会议，动员部署“2011年打击文物犯罪专项行动”，这是继“2010年全国重点地区打击文物犯罪专项行动”取得了重大成果后，公安部、国家文物局合力确保文物安全的又一项重要举措。在去年的专项行动中，广大公安干警为保护祖国文化遗产做出了突出贡献，涌现出了一批先进集体、先进个人，我代表国家文物局，对大家表示衷心感谢和热烈祝贺！刚才，公安部领导全面总结了2010年打击文物犯罪工作成果，客观分析了当前文物安全形势，对“2011年打击文物犯罪专项行动”进行了周密部署，这一重要讲话是我们今后做好打击文物犯罪工作的行动指南，我们要认真学习领会。下面，我谈三点意见。

一、文物安全成绩突出，为文物事业发展提供了坚强保障

（一）文物安全长效机制初步构建

2010年5月，在公安部积极建议下，国务院批准建立全国文物安全工作部际联席会议制度，统筹协调全国文物安全工作。10月，联席会议10家成员单位共同召开第一次会议，明确了各部门在文物安全领域的职责分工，就加强和改善文物安全工作提出了一系列政策措施，其中就包括开展本次专项行动，建立“全国文物犯罪信息

中心”。联席会议制度带动了各地文物安全联合长效机制的建设，湖北、陕西、河北等省份已建立或筹备建立相应制度。同时，国家文物局在全国实施文物安全公示公告制度，按季度通报文物安全信息，督促各级文物部门加大执法巡查与安全检查力度。文物安全领域制度建设全面推进，一批规范性文件即将出台。

陕西省打击文物犯罪成果展开幕仪式

（二）打击文物犯罪专项行动影响深远

2010 年，公安部在全国 9 个重点省份部署打击文物犯罪专项行动，痛击了犯罪分子的嚣张气焰，一大批犯罪团伙被绳之以法，一些地区文物犯罪高发势头得到遏制，各地公安机关移交了大量珍贵文物。陕西省、河北省公安厅成立侦办文物案件专门机构，河北、山西、安徽、河南、湖北、陕西、甘肃等省文物和公安部门建立了联合打击文物犯罪工作机制。2010 年是近年来打击文物犯罪力度最大、成果最大、收获最大的一年。专项行动结束后，公安部、国家文物局共同在京举办了成果展，两周时间吸引了万余名观众参观，引起全社会强烈关注。从各界反响看，专项行动弘扬了社会正气，彰显了国家保护文化遗产的决心和力量，得民心，顺民意，得到了广大民众的坚决拥护和充分肯定。

（三）文物安全基础工作长足进步

文物安全机构与队伍建设不断加强。继国家文物局成立督察司后，全国 31 个省份均成立了专兼职省级文物行政执法与安全监管机构。各级文物行政部门和各文物单位进一步加大在文物安全领域的管控力度，2010 年度仅针对全国重点文物保护单位，各级文物行政部门就实施有效巡查 22400 余次。群众文物保护员队伍不断壮大，仅湖南省长沙市即新聘用 2000 余名群众作为文物安全员，自 2009 年破获“12・29”系列盗墓案以来全市再未发生盗掘文物案件。文物安全防范设施建设得到加强，国家财政 2010 年投入已达到 1.5 亿元，北京市每年投入已达到 3000 万元，各地重点实施了一批田野文物技防工程，有力提升了文物安全防范水平。“十二五”期间，国家财政还将逐年加大投入力度。

（四）文物安全监管模式有所创新

近年来，各地结合工作实际，不断探索和创新文物安全监管机制，取得了许多成功经验。山东省出台文物保护条例，就文物安全管理提出了明确要求。陕西省、甘肃省建立重大文物安全事故责任追究制度，实施文物问责。北京市出台《关于加强文物安全工作的意见》，将文物安全纳入社会治安综合治理目标。山西省全面实施文物安全“金铠甲”达标工程，夯实工作基础。陕西省建立并实施田野文物夜间巡查制度，组建文物公安联合执法队伍，取得明显成效。河南省出台文物保护员管理办法，将群防群治纳入规范化轨道。湖南长沙，湖北荆州、随州等地强化政府职责，将文物安全纳入政府考核范围，建立市、县、乡、村四级防护体系，健全文物安全末端守护机制。上述举措有力加强了文物安全监管力度，值得我们学习、借鉴。

（五）文物安全国际合作初见成效

为维护国家文化安全，近年来，我国先后与意大利、印度、美国、埃塞俄比亚、澳大利亚、意大利、埃及等13国签署了关于防止盗窃、盗掘和非法进出境文物的政府间双边协定；与联合国教科文组织、国际刑警组织、世界海关组织建立健全了被盗文物信息通报交流机制，国际打击文物犯罪活动的双边及多边合作明显加强。2010年4月30日，被盗流失美国的陕西唐贞顺皇后石棺椁被公安机关成功追索回国。2011年3月11日，美国国土安全部将14件非法流入美国的中国文物移交给我国政府，这是自2009年1月中美签署《防止盗窃、盗掘和非法进出境文物谅解备忘录》后，美方首次向我国移交其收缴的中国文物。

二、文物安全依然面临严峻威胁与挑战，防范打击文物犯罪任重而道远

近年来，文物安全防范得到不断加强，打击文物犯罪取得明显成效，特别是经过去年的专项行动，2010年文物犯罪发案率较2009年有所下降。但是我们必须清醒地意识到，当前危害文物安全的各种因素尚未消除，以文物为侵害目标的犯罪活动仍时有发生，一些地方大案、要案频发，文物安全形势依然严峻。

（1）田野文物犯罪危害性和破坏性增强。从近期各地发案情况看，高科技、暴力化、有组织犯罪对文物的破坏性更大，对社会

的危害性更强。一方面，成为犯罪侵害目标的文物等级越来越高，全国重点文物保护单位甚至世界文化遗产地成为发案重灾区。仅去年以来，广西靖江王陵，陕西秦东陵、唐建陵，河北中山王陵、赵王陵、清西陵等帝王陵寝已先后发生盗掘或者盗窃案件。另一方面，犯罪分子气焰嚣张、手段恶劣。近期出现多起犯罪团伙携武器作案，甚至暴力抗法、公然袭警案件。例如，湖北省随州市发生盗墓分子将现场制止犯罪的文物巡查人员打成重伤案件，陕西省澄城县发生盗墓团伙围攻公安机关、暴力劫走同伙案件等，社会影响极其恶劣。

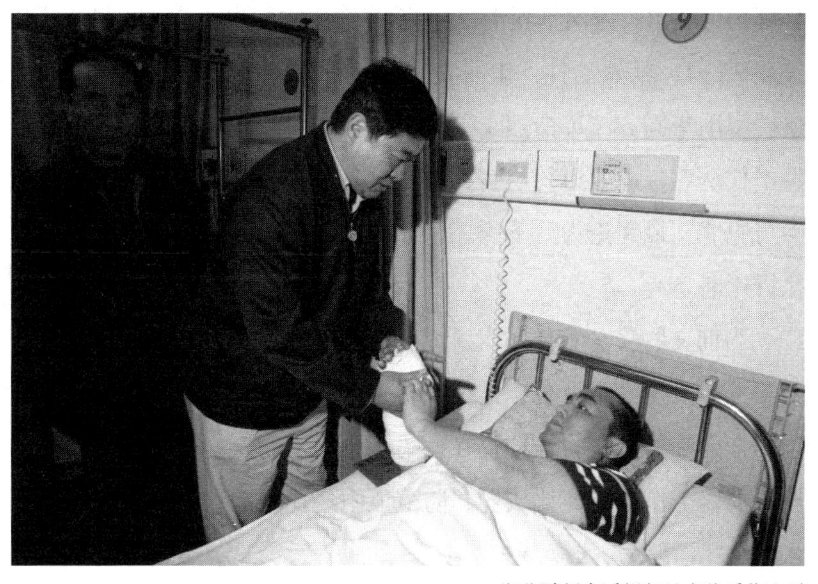

湖北随州市看望保护文物受伤人员

（2）博物馆安全案件出现反弹趋势。1994 年至 2002 年，全国连续发生 7 起暴力抢劫博物馆案件，累计造成博物馆工作人员 3 人死亡、近 10 人受伤，41 件馆藏文物被抢，安全形势一度高度紧张。近年来，经过严厉打击和综合整治，博物馆安全形势趋于好转，大部分省份连续实现馆藏文物安全年。但是，2009 年以来，博物馆安全案件呈现反弹趋势，广东省乐昌县博物馆、山西省临猗县博物馆、山西省临汾市丁村民俗博物馆、湖北省黄冈市博物馆、江苏省如皋市博物馆等先后发生馆藏文物丢失、失窃、抢劫等恶性案件，馆藏文物再度成为犯罪分子窥视的目标，安全形势不容乐观。

（3）基层、一线面临的斗争形势异常复杂。基层文物工作者是文物安全直接责任人，在日常工作中直接与违法犯罪分子做斗争，他们可能时时面临着犯罪分子的侵袭、伤害或者腐蚀、拉拢。实践证明，我们的绝大多数基层工作者能够经受住考验，如福建省将乐县博物馆副馆长廖国华烈士，与企图盗窃文物的犯罪分子顽强搏斗，被刺 31 刀，壮烈牺牲，馆藏文物无一受损；2009 年，福建省政府追授廖国华同志“革命烈士”光荣称号。但是同时，也有极个别人经不住诱惑，职业道德沦丧，为文物犯罪大开方便之门，甚至直接参与犯罪，最终沦为阶下囚。例如文物大盗李海涛，去年已被依法执行死刑。

当前文物安全案件频发，究其原因，一方面与我国经济社会环境和发展阶段密不可分，这种状况将伴随整个经济社会转型期，文物安全面临的挑战将长期存在；另一方面文物安全监管总体水平还比较低，工作效能还比较弱，防范能力还比较差，主要表现为以下六点。

（1）安全意识淡薄。一些地方对文物安全工作的重视尚未达到应有高度，表面上将文物安全“天天挂在嘴边”，实际工作中却是“天天放到一边”，低估和忽视文物安全工作的基础性、保障性作用，舍不得向文物安全领域投入资源，致使有标准规范不达标，有管理要求不执行，有值班制度不到岗，有应急预案不演练，安全防范工作漏洞百出，给犯罪分子以可乘之机。

（2）主体责任不落实。法律明确规定各级政府对文物保护负有主体责任，文物部门承担着直接责任，各有关部门对文物安全负有法定责任。但是，在一些地方明显存在责任不落实、监管不到位、安全无保障等问题，导致许多文物单位尤其是地处偏远的田野文物缺乏有效保护措施，一些地方将重要的文物保护单位安全责任完全交给群众义务保护员，管理责任严重缺失。

（3）安全管理落后。文物安全管理还没有被普遍提升到系统化、科学化、标准化、专业化的水平，安全管理尚被个别人看作是简单劳动。管理标准和制度不完善，粗放式的、经验式的管理，难以适应现代文物安全管理精细化的要求。许多文物安全事故发生的深层次原因都是因为管理人员责任心不强、管理有漏洞。

（4）专业人员缺乏。随着国家对文物安全不断加大投入，目前许多文物单位已经建起了技防设施设备，并发挥了重要作用。但是在工作实际中，部分文物博物馆单位不能正确处理好人防与技防的关系，重视项目申报、轻视基础建设，重视设施投入、轻视人员管理，重视人员数量、轻视素质提高，甚至随意招聘社会人员从事安防监控专业岗位，导致先进的技防设备形同虚设。

（5）防范基础薄弱。目前，全国范围内各地区、各领域、各环节实施全方位、长期性的文物安全防范长效机制尚未形成，联合打击文物犯罪尚未形成常态机制。文物保护管理机构不健全、编制短缺、力量薄弱的现象依然普遍存在，博物馆和文物保护单位安全防范设施达标率依然普遍偏低。

（6）案件上报不及时。从公安部、国家文物局赴各地调研情况看，文物案件底数不清，已经对客观认识文物安全形势、科学部署打击文物犯罪工作、有效实施文物安全防范造成了严重影响。文物案件漏报、迟报现象普遍存在，个别地方甚至瞒报重大案件，如近期媒体广泛报道的河南洛阳龙门石窟西山石刻盗掘案，直至媒体曝光后国家文物局才得知。在此，对河南省文物局、洛阳市文物局以及龙门石窟管委会予以通报批评。

《国务院关于加强文化遗产保护的通知》明确要求，到2015年，全国要基本形成较为完善的文化遗产保护体系，具有历史、文化和科学价值的文化遗产得到全面有效保护；要使保护文化遗产的观念深入人心，成为全社会的自觉行动。我们必须清醒地认识到，严峻的文物安全形势已经成为制约这一目标实现的瓶颈性因素。从今年5月1日起，《中华人民共和国刑法修正案（八）》正式生效，原有文物死刑罪名取消，这将使文物安全面临更为严峻的形势和更加艰巨的任务。如何在新条件下确保文物安全，是各级政府、相关职能部门及各有关方面需要共同应对的重大问题，必须采取切实有效的措施协力防范、打击、惩治文物犯罪。

三、落实责任，夯实基础，全面提升文物安全防范水平

刚才公安部领导已经对“2011年打击文物犯罪专项行动”进行了全面部署，各级文物部门要全力配合公安机关，提供必要的协助支持，从落实责任、夯实基础入手，坚决采取有力措施，全面提升安全防范与监管水平，打响一场文物安全攻坚战。

（1）加强协调配合，确保专项行动取得实效。为确保组织领导到位，公安部、国家文物局成立了联合领导小组，设立了办公室，对此次专项行动共同部署、共同督导、联合表彰。各地文物部门要迅速行动，主动与公安机关联系沟通，在5月底前完成本地区领导小组和办事机构的组建，明确目标与重点，尽快部署、启动各项工作。

要充分利用第三次全国文物普查、馆藏文物调查及数据库建设取得的成果，为公安机关提供本地区文物资源底数及相关资料，确定打防管控的重点地区、重点单位。要全面梳理文物案件情况，毫无保留地提供案件线索，协助公安机关全面彻查积案、隐案。要开展好涉案文物鉴定工作，及时、准确为案件侦办提供依据，不得向办案机关收取任何费用。要积极为公安机关存放涉案文物提供便利条件，共同做好涉案文物移交工作。要以专项行动为契机，全面加强、深化两部门合作，进一步完善文物、公安防范打击文物犯罪的联合长效机制。

（2）强化政府领导，建立文物安全政府责任体系。《文物保护法》明确规定，地方各级政府负责本行政区域内的文物保护工作，各级地方政府是文物保护的主体。各地文物部门要以专项行动为契机，更加主动地向政府汇报工作，阐明文物犯罪行为的危害性和文物犯罪形势的严峻性，推动加强对文物安全工作的领导和组织协调，在政府层面施行文物安全层级责任管理，将文物安全逐级纳入政府年度考核内容，纳入社会治安综合治理责任目标，明确地方行政首长是辖区内文物安全第一责任人，建立“市、区县、乡镇（街道）、村（社区）”四级文物安全责任体系。已经和国家文物局签署省局共建协议的省份，要进一步推动省政府将文物安全纳入对文物大市的年度考核内容，国家文物局将以此作为协议兑现的重要依据。

（3）落实部门职责，构建文物安全综合治理格局。文物安全是一项社会性系统工程，法律法规明确赋予了各有关部门保障文物安全的法定职责。专项行动期间，各重点省份要按照《国务院关于同意建立全国文物安全工作部际联席会议制度的批复》相关要求，深入贯彻全国文物安全工作部际联席会议第一次会议精神，逐级建立文物安全联席会议制度，着力构建政府统一领导、部门各司其职、标本兼治、综合治理的文物安全工作格局。要充分发挥联席会议职能作用，依法落实各部门法定职责，重点加强与公安、海关、工商等部门的协调配合，从防范、打击、市场管理、海关监管各个环节联合打击文物违法犯罪行为，始终保持对各类文物犯罪活动的严打高压态势，合力确保文物安全。

（4）着力示范引领，创新文物安全督察监管模式。安全保卫督察是各级文物行政部门必须切实履行的重要职责。一方面，各级文物行政部门要通过落实机构与人员，切实保障安全监管职能的实现，省级文物行政部门务必建立负责文物安全与执法的专门处室，县级以上文物行政部门要明确专职人员负责文物安全。另一方面，要进一步创新督察与监管模式，通过“巡查”加大对文物单位监督检查力度，通过“达标”确保各项管理要求在基层落到实处。在这方面，北京、山西等省市已经创造了很好的经验。今年国家文物局将启动“文物安全综合管理实验区”试点工作，基本思路是：在文物资源密集的地市级行政区域，国家文物局对区域内的全国重点文物保护单位等安全防范设施建设给予倾斜性支持，对文物安全管理给予重点指导，地方政府全面落实文物保护责任，将文物安全逐级纳入政府考核范围，健全文物保护机构和队伍，完善安全管理制度，落实文物安全经费，建立打击文物犯罪长效机制。通过国家和地方共建“实验区”的形式，对全国做出示范表率，形成政府主导、责任明晰、机构健全、制度完善、设施完备、管理到位、打防有力的文物安全管理体系。

（5）充实机构人员，强化文物安全末端守护机制。各文物单位要根据《文物保护法》有关要求，严格落实内部安全管理责任制，向管理要安全。对于各级文物保护单位，要以全面落实“四有”为核心，逐处落实保护机构或保护管理责任人，对于地下埋藏丰富的古遗址、古墓葬，要推动建立专门的文物管理所。专项行动期间，省级文物行政部门要对“国保”“省保”的保护机构或专职保护人员设置情况进行全面摸底并登记造册，对于机构、人员尚未落实到位的，要及时督促整改。对于未定级别的不可移动文物，要按照属地管理原则，明确保护管理责任主体，明确负责人员与管护要求，避免出现盲区和空白点。对于博物馆等文物收藏单位，要依法健全保卫机构，配足安全保卫人员，保卫干部和警卫人员总数不应低于全馆职工人数的百分之十，人员素质符合《文物系统安全保卫人员上岗条件暂行规定》要求的各项条件。要坚持“以人为本”，从岗位编制上，从职级待遇上，从教育培训上，从精神和物质奖励上，向安全保卫人员倾斜，激发每一位文物安全工作者的工作热情，培养安全保卫人员的使命感、荣誉感和成就感。要坚持专群结合、群防群控，建设好群众性文物保护员队伍，使之成为基层文物保护工作的重要辅助力量。

（6）完善防范设施，全面提高文物科技创安水平。面对丧心病狂、武装到牙齿的文物犯罪分子，仅仅依靠文物工作者的血肉之躯和责任心来抗御已经远远不够，各地要在重视人防的基础上，全面加强安全防范设施建设，用科技之光强化安全之盾，向科技要安全。要督促博物馆和其他文物收藏单位依法配备安全防范设施，持续推进风险等级达标工作。各地要在专项行动期间对文物收藏单位进行全面检查，对于达不到《文物系统博物馆风险等级和安全防护级别的规定》的文物收藏单位，在达标前一律不得对外开放。对于长期不配备安全防范设施的文物收藏单位，县级以上文物行政部门要依法实施行政处罚。要重点开展具有被盗风险性的帝王陵寝、墓群、窑址、石窟寺、石刻以及重要古建筑的技防设施建设，集中实施一批重大安全技术防范工程，国家文物局将会同国家财政部门，根据国家有关规定给予重点支持。特别是帝王陵寝和尚有埋藏的古墓葬，各地要集中力量组织编制好技防方案，尚未进入“十二五”规划项目库的，要抓紧安排好各项前期准备，务必在项目库中期调整时全部纳入。要全面提高一线工作人员安全防护装备水平，着力解决巡查装备短缺问题。国家文物局已组织起草《文物安全保卫人员防卫器具配备要求》，正式印发后，各地要及时落实组织开展达标工作，尽最大能力保障一线工作人员的人身安全。

（7）加强机制保障，完善文物安全规章制度体系。国家文物局近期将着力加强文物安全领域规章制度与标准规范建设力度，制定完善文物保护单位、博物馆安全管理相关规定，初步建立文物安全技术规范体系。各地要加强地方法规建设，以政府名义出台文物安全管理规定，落实、强化“五纳入”，把文物安全各个环节纳入制度化的管理轨道。要针对犯罪分子的活动规律和作案特点，调整管护策略，加大对“国保”“省保”和其他重要田野文物的巡查时间、频率和范围，重点加强夜间巡查，实现全天候巡查管护。要切实执行文物收藏单位安全管理制度，坚决落实夜间值守双人双岗这一底线要求，推行馆领导夜间馆内带班制度。要建立举报奖励制度，公布举报电话，设立奖励经费，鼓励群众积极提供信息和线索，将犯罪分子置于全社会监控之下。要坚决落实突发事件报告制度，发生文物案件或安全事故后第一时间按要求报告公安机关和上级部门，不得迟报、缓报、瞒报。专项行动期间，如发现有迟报、缓报、瞒报案件行为的，国家文物局将通报全国并抄送省政府，涉及田野文物的，一概不受理考古发掘申请。

（8）加大惩处力度，严厉震慑文物违法犯罪行为。一方面，要督促司法机关依法加大对文物犯罪案件的惩治力度。从近年来的司法实践看，个别地方司法机关对文物犯罪案件危害性重视不足，文物犯罪案件立案不送、以罚代刑、重罪轻判等现象时有发生，影响了执法部门办理文物案件的积极性，助长了犯罪分子气焰。文物、公安部门要积极推动司法机关依法严厉追究文物犯罪嫌疑人的刑事责任，巩固打击成果。另一方面，要进一步落实文物安全责任制，重点追究因失职、渎职造成文物损毁、被盗或流失的国家工作人员的行政与法律责任。如查实有文物部门工作人员涉案或者存在失职、渎职行为，不管涉及谁，都要坚决按照《刑法》《文物保护法》等有关要求，严格依法处理，不能姑息迁就。专项行动期间，各级文物部门要针对近年来发生的监守自盗案件和重大文物安全责任事故，集中开展一次文物系统从业人员职业道德教育和失职、渎职犯罪警示教育，建设一支忠于事业、恪尽职守的文物工作队伍。

（9）加强舆论引导，掀起打击文物犯罪宣传高潮。近年来，媒体宣传中“收藏热”甚至“盗墓热”不断升温，部分媒体在宣传上过分突出文物的经济价值，对出土文物甚至涉案文物不加甄别，个别媒体不能正确对待盗墓行为等丑恶现象，片面迎合猎奇心理，对国家文物保护政策法规宣传不足。如湖南长沙“12·29”大案主犯称，其犯罪动机系受《鉴宝》节目刺激所引发。各级文物行政部门、各文物单位一方面要严格约束文物系统工作人员，自觉遵守《中国文物博物馆工作人员职业道德准则》，推进队伍建设、作风建设和道德建设；另一方面要积极主动开展舆论宣传，引导社会舆论冷静、客观、全面看待文物收藏，旗帜鲜明地唾弃盗掘古墓葬等卑劣行径，弘扬道德文化和核心价值观。2010 年，公安部、国家文物局在京举办的“全国重点地区打击文物犯罪专项行动成果展”，已经取得良好宣传效果。各重点省份要结合“文化遗产日”等活动，通过举办展览等多种方式，掀起一轮打击文物犯罪宣传高潮，集中展示政府打击文物犯罪的决心与成果，增强广大民众文物保护意识，震慑文物犯罪行为。

文物安全是文物工作的基础和生命线，关系到文物事业繁荣发展的全局。保护好、传承好、利用好和发展好文化遗产，是我们的神圣使命和光荣职责，我们唯有更加扎实工作，切实履行职责，确保祖国文化遗产安全，才能不辱使命、不负重托。希望与会代表以本次会议为契机，进一步提高对文物安全工作的认识，总结经验，查找问题，通过实实在在、扎扎实实的行动全面提升文物安全管理水平。在这里我也预祝“2011 年打击文物犯罪专项行动”取得辉煌战果，各位文物卫士再立新功！

陕西打击文物犯罪专项行动动员部署会议

在山西省文化遗产保护座谈会上的讲话

（2011年5月25日·山西太原）

今天，利用这一难得机会谈一下国家文物局关于山西南部早期建筑保护、应县木塔保护、考古和大遗址保护等方面工作的考虑和意见。

关于山西南部早期建筑保护工程。山西南部早期木构建筑分布于运城、临汾、长治、晋城等4个市所辖的49个县、市（区）。目前，有157座元代以前木构建筑列入全国重点文物保护单位，占全国50.5%。此外，这一区域还有200余座尚未列入全国重点文物保护单位的元代以前木构建筑。科学、有效地保护好这批早期木构建筑，对研究我国建筑和艺术发展史，传承中华民族优秀的历史文化，意义重大。国家文物局高度重视山西南部早期建筑的保护工作。“十一五”期间，国家共补助山西南部早期建筑保护工程文物保护专项经费1.685亿元，用于56处保护项目实施，已经竣工28处。“十二五”期间，国家文物局逐步将山西其他地区早期建筑纳入保护范围，修缮正在申报的第七批全国重点文物保护单位中的金代以前早期建筑。

关于应县木塔保护。国家文物局一直将木塔保护列为工作重点。自1997年至今，已累计投入经费2470万元，用于现状勘测、地质勘察、力学试验、加固维修、考古勘探及相关课题研究等。根据专家的评估意见，“十一五”期间，国家文物局组织中国文化遗产研究院先后编制了应县木塔养护维修、监测体系设计方案等，实施前期勘察研究、养护维修、临时加固、塔基台阶及院落排水等基础工作。下一步，国家文物局将继续指导山西省文物局与地方政府，加强木塔保护，完善监测体系和安全评估，并在条件成熟时，指导开展应县木塔申报世界文化遗产的前期研究、论证工作。

关于考古和大遗址保护。山西省内大遗址是我国文化遗产的优秀代表。“十一五”期间，陶寺遗址、侯马晋国遗址、天马—曲村遗址等被列入全国100处大遗址保护项目，大遗址保护正在有序开展。2010年，晋阳古城考古遗址公园被列入23家国家考古遗址公园立项名单。国家文物局将继续支持山西大遗址的保护工作。“十二五”期间，根据国家文物局与山西省政府《合作加强山西文化遗产保护框架协议》，不断加大经费投入力度，推动晋阳古城遗址、陶寺遗址、侯马晋国遗址、天马—曲村遗址、蒲津渡与蒲州古城等大遗址保护和考古遗址公园建设工作，探索大遗址保护、展示和利用的多种模式，带动地方产业结构调整和民生改善，实现经济社会的全面协调发展。

关于博物馆建设。山西博物院是首批3座国家地方共建国家级博物馆培育对象之一。山西有山西博物院、中国煤炭博物馆、八路军太行纪念馆等3座博物馆为国家一级博物馆，还有13家二级博物馆和7家三级博物馆。今年4月，国家文物局启动了“国有博物馆对口帮扶民办博物馆”试点，全国共选择3个项目，其中“山西博物院帮扶广灵剪纸艺术博物馆展示服务提升项目”为试点项目之一。国家文物局支持山西博物院早日列入国家地方共建国家级重点博物馆名单，同时鼓励山西博物院发挥引领辐射作用，探索支持民办博物馆发展的长效措施。希望山西省结合实际，优化博物馆体系，加强工业遗产博物馆、旧址和遗址类博物馆、生态博物馆、社区博物馆建设。

关于社会文物工作。2008年，鉴于国家文物出境鉴定山西站存在财政差额拨款、专职鉴定人员和文物进出境责任鉴定人员数量不足等问题，不符合《文物进出境审核管理办法》的要求，国家文物局已经要求对此进行整改，并暂停了山西鉴定站开展文物进出境审核工作的职能。希望在省政府的重视下，由山西省文物局协调省编办、财政厅等部门，尽快将国家文物出境鉴定山西站的工作经费改为财政全额拨款，同时加快选拔具有一定文物鉴定基础的中青年专业人员到国家文物出境鉴定山西站工作，确保该站按现有编制足额配置专职文物鉴定人员。今年，国家文物局拟委托有关学术研究机构，全面开展流失海外石窟类文物的调查项目。历史上，山西的云冈石窟和天龙山石窟的被盗情况严重，是调查的重点，希望山西省积极开展和配合流失文物的调查工作。

关于文物保护科技工作。目前，山西省已经初步建立了一批文物保护科研机构和科技队伍。但是在科技力量、经费投入、科技成果等方面还较薄弱。国家文物局将继续在技术和人力上加大支持山西省做好文物保护科技工作。希望山西省立足实际，凝练、选择重大科技项目作为创新点，例如以云冈石窟为代表的石质文物保护关键技术、以应县木塔为代表的古建筑健康评测关键技术等，加大经费支持力度，整合社会和全国优质科技资源参与文物保护，通过科研项目，提升科研能力，促进人才培养。

关于安全监管和执法督察。山西省古代建筑数量众多、分布广泛，文物安全任务繁重。近年来，山西省加强文物安全与执法工作，取得了较好成效。例如，省政府批准建立了公安、文物联合打击文物犯罪办公室，推进文物安全“金铠甲”工程，公布实施《山西省古建筑消防安全管理规定》等。但是，自2010年以来，山西省也发生了临猗县博物馆馆藏文物被盗、曲沃县天马—曲村遗址被盗掘、临汾市丁村民宅被盗、芮城县清凉寺石狮被盗等多起文物犯罪案件，文物安全形势不容乐观。希望山西省继续加强文物安全工作，一是按照公安部、国家文物局“2011年打击文物犯罪专项行动”的部署，切实扩大战果，同时要及时查处破坏文物本体及历史环境风貌的违法行为，近期山西省文物局正在研究强化执法督察的措施，希望尽快落实，取得实效；二是依法落实文物安全责任，各级政府将文物安全纳入政府考核机制，要把古建筑消防安全作为重点，做好事前防范，杜绝火灾事故。

国家文物局高度重视山西文物工作。“十一五”期间，国家对山西文物保护投入明显增加，达7.1亿元。其中，国家重点文物保护专项补助经费、晋东南早期建筑保护项目、大遗址保护专项经费、抢救性文物保护设施投资、第三次全国文物普查专项经费、博物馆免费开放补助经费等，山西省的专项补助经费额度均处于全国前列。预计“十二五”期间，国家对山西省的文物保护专项经费将会有更大的增长。

在甘肃省文物安全工作座谈会上的讲话

（2011 年 6 月 28 日 · 甘肃兰州）

甘肃省是文物大省，拥有全国重点文物保护单位 72 处，省级文物保护单位 500 多处，市、县级文物保护单位 3000 多处，世界文化遗产 2 处，国家历史文化名城 4 座。甘肃省文物局得以保留和恢复以后，全省文化遗产保护的力度不断加大，需要研究的项目也在不断增加，需要加强统筹协调，整体推进。

国家文物局高度关注甘肃省大遗址保护工作。“十一五”期间，甘肃的大地湾遗址、许三湾城址及墓葬群、居延遗址、秦直道、长城被列入全国 100 处大遗址保护项目。国家财政累计投入 7430 万元，用于开展大遗址保护工作。目前，大地湾遗址保护项目、许三湾城址及墓葬群保护项目、骆驼城遗址保护项目等大遗址保护项目有序推进，文物本体和周边环境得到了治理和改善。2010 年，锁阳城考古遗址公园入选首批 23 家国家考古遗址公园立项名单。“十二五”期间，国家文物局将继续加大支持和经费投入力度，积极开展大地湾遗址、许三湾城址及墓葬群、骆驼城遗址、长城等大遗址保护项目，推动锁阳城考古遗址公园建设工作。同时，研究制定大遗址保护的地方性专项法规和管理办法，积极探索大遗址保护、展示和利用的多种模式，全面提高保护和展示水平，并通过大遗址保护和考古遗址公园建设带动地方产业结构调整和改善民生，实现经济和社会的全面协调发展。

甘肃省各时代长城资源极为丰富，境内明长城遗址现存长度为1699.2千米，为我国各省区之最；秦汉及其他时代长城遗址现存长度达1999千米，仅次于内蒙古自治区，相关遗存确认数量953处，其中新发现数量398处。“十一五”期间，国家文物局商财政部在大遗址经费中安排专项资金4520万元，支持甘肃省长城资源调查和长城保护工作。2011年，计划安排专项资金2180万元，用于支持甘肃省开展省级长城保护总体规划编制、明长城资源调查报告编写、嘉峪关长城保护修缮，还有古浪县、瓜洲县、敦煌市部分长城段落、节点抢险加固及保护维修工作。

甘肃省是世界文化遗产申报预备名单中“丝绸之路”中国段的重要组成部分，目前有麦积山石窟、悬泉置遗址等11处文化遗产列入“丝绸之路”申报世界文化遗产预备名单。“丝绸之路”跨国系列申报世界文化遗产得到甘肃省政府及其各级政府的大力支持，各项工作进展顺利。国家文物局在做好“丝绸之路”申报世界文化遗产的国际协调工作的同时，积极支持“丝绸之路”文化遗产的保护规划编制、修缮和考古研究等工作。“十二五”时期，国家文物局将进一步加大督促指导甘肃省开展“丝绸之路”沿线文物保护、环境整治、监测管理体系建设等工作的力度，希望省政府对“丝绸之路”申报世界文化遗产工作给予更大的支持，奠定坚实的基础。

截至目前，甘肃省共登记注册博物馆、纪念馆118个，其中国家二级博物馆4个、国家三级博物馆9个。全省博物馆覆盖率达到95%以上。全省有88个博物馆、纪念馆免费开放，列入国家财政补助的60个。全省馆藏一、二、三级文物11万余件。“十二五”时期，国家文物局将加大支持甘肃省博物馆事业发展。一是加强甘肃地市级重点博物馆建设，将武威市博物馆、张掖市博物馆等列入国家地市级博物馆建设“十二五”规划。二是支持甘肃省政府加大对甘肃省博物馆改革和发展的扶持力度，全面提升其展陈水平，将其建设成为西部地区乃至全国范围内具有影响力的先进博物馆。

甘肃礼县大堡子山遗址是秦朝最初文明的发祥地，遗址总面积约 18 平方千米，历史上未曾遭受盗扰。自 20 世纪 80 年代始，大堡子山遗址群及周边地区遭受了大规模的盗掘，在甘肃省公安、文物部门严厉打击下，1993 年基本遏制了大规模的盗墓活动，但是仍有大批重要的青铜器、金银器和玉器被盗,其中绝大部分被走私至境外，陆续在美国、法国、日本以及中国台湾等地出现。2008 年，国家文物局组织相关专业机构开展了大堡子山遗址被盗流失文物调查研究项目。依据项目调查结果，国家文物局于 2010 年年底向收藏大堡子山遗址被盗文物的日本美秀博物馆、法国集美博物馆正式提出被盗文物的返还要求。目前，我方与日方、法方的协商谈判工作正在进行之中。希望此事能得到甘肃省领导的重视和支持，请有关部门提供相关证据材料。

敦煌研究院是国家文物局首批重点科研基地，具有较强的科技研发和成果推广能力，“十一五”期间承担了国家科技支撑计划课题共计 6 项，内容涉及壁画保护、土遗址、文物出土现场保护等，课题经费近 3000 万元。2009 年，敦煌研究院被科技部批准为国家工程技术研究中心，是我国社会公益领域第一家国家级工程技术中心，是文化遗产保护科技进入国家科技创新体系的重要标志。希望甘肃省充分立足甘肃实际，凝练、选择重大科技项目作为创新点，进一步动员、整合社会和全省优质科技资源参与到文物保护工作中，通过科研项目，整合研究力量，提升科研能力，促进人才培养。

在福建省文物安全工作座谈会上的讲话

（2011 年 7 月 28 日）

一、关于涉台文物保护

据初步统计，全国共有涉台文物 1300 多处，主要分布在福建、广东、浙江、江苏、重庆等地，其中福建省分布最为集中。2008 年 12 月，国务院台办、国家文物局、福建省政府在福建泉州天后宫共同举行了福建省涉台文物保护工程启动仪式。首批启动的 15 个福建省涉台文物保护工程项目包括昙石山遗址、三坊七巷－朱紫坊建筑群、芦山堂、东山关帝庙、白礁慈济宫、林氏宗祠、天一总局旧址、陈元光墓、施琅宅祠墓、泉州天后宫、清水岩、汀州文庙、平海天后宫、李纲祠、古田临水宫等全国重点文物保护单位和省级文物保护单位。

目前，各项工程进展顺利。“十二五”期间，为了进一步推动涉台文物的保护工作，国家文物局组织编制了涉台文物“十二五”专项保护规划，将工程范围从福建省进一步扩大至浙江、广东、重庆等省市的涉台文物，继续通过实施文物本体维修、保护规划、环境整治等工程，实现文物的有效保护和周边环境的明显改善，确保文物安全，促进当地经济社会文化的可持续发展。

二、关于闽系红砖建筑保护

现存红砖建筑主要分布在福建的莆仙地区、泉州、厦门、漳州，广东的沿海地区，台湾的西部及金门、澎湖。闽系红砖建筑是海峡两岸特有的传统建筑形式，是涉台文物的重要组成部分，以其特有的建筑风格和人文内涵而享誉海内外。

近年来，海峡两岸学者围绕闽系红砖建筑保护进行了广泛接触与交流。2008 年 11 月，国家文物局以中华文物交流协会的名义和台湾沈春池文教基金会在台湾联合主办了“第一届海峡两岸文化遗产保护论坛”。两岸学者就闽系古建筑特色、南系古建筑保护等问题达成了广泛共识。2010 年 12 月，由国家文物局（中华文物交流协会）、福建省文化厅、台湾沈春池文教基金会和台湾文化资产总管理处(筹备处)联合主办的“第二届海峡两岸文化遗产保护论坛——闽系红砖建筑的保护与传承”在泉州召开，为两岸专家学者提供了更广阔的交流平台，也为两岸对红砖建筑的价值、内涵和保护的研究奠定了坚实的基础，推动两岸在文化遗产保护领域开展更多的交流与合作。

三、关于福建水下文物保护

福建沿海地区水下文化遗产丰富，已确认水下文物点 30 处，发现沉船遗址和水下文物遗存线索 70 余处，集中分布在福州、莆田、泉州、漳州地区。这些水下文物是研究中外文化交流史、海上“丝绸之路”贸易史的重要实物资料。自 20 世纪 80 年代以来，在福建沿海海域组织开展了水下考古调查、重要沉船遗址抢救性水下考古发掘、水下考古专业人员培训等一系列工作，在有效确保国家历史文化遗产安全的同时，推动了相关海交史、造船史、陶瓷史等学术科研的开展，并培养了一支专业水下考古队伍，为我国水下文化遗产事业的发展奠定了基础。

福建省重视水下文物安全工作。仅2006年，福建省边防总队在文物等有关部门的积极配合下，查获非法打捞、倒卖水下文物案件45起，缴获文物7000余件，极大地打击了犯罪分子的气焰。2010年，国家水下文化遗产保护中心与福建博物馆在福建漳州对“半洋礁Ⅰ号”沉船开展水下考古调查，探索水下文物动态监测工作，推动我国水下文物保护工作向科技化、信息化方向发展。

“十二五”期间，国家文物局将继续关注和支持福建水下文物保护工作，在我国水下文化遗产事业发展“十二五”规划的框架下，积极开展水下文物调查、重要沉船遗址抢救性发掘、出水文物保护、沿海水下文物监测、明清海防和海上“丝绸之路”研究、专业人员培训等各项工作，支持福建省建立国家水下文化遗产保护基地，依托福建的地缘优势和资源优势，发挥区域带动作用和辐射作用。同时，希望地方文物部门加强与公安、边防、海监、海军等有关部门的配合协作，切实做好水下文物点的巡逻看护和监控，适时开展严厉打击盗捞走私水下文物的专项行动，遏制违法行为，确保我国水下文物安全。

四、关于福建省世界文化遗产保护

福建省目前已有2处世界文化遗产，即武夷山（1999年，文化与自然双遗产）、福建土楼（2008年，文化遗产），厦门鼓浪屿也在积极筹划申报世界文化遗产。

福建土楼数量多、分布散、产权复杂，绝大多数仍在延续其居住功能，因而在保护管理上存在一定难度。2008年8月，福建土楼申报世界文化遗产成功之后，国家文物局发布了《关于做好“福建土楼”保护管理相关工作的函》，要求当地各级文物部门加强福建土楼的本体保护，倡导可持续发展的旅游，建立监测机制，加强保持遗产景观环境协调工作，重视传统生活和生产方式的保护与传承，确保世界文化遗产的真实性和完整性。针对武夷山、福建土楼在保护管理方面存在的问题，2009年10月，国家文物局发布了《关于进一步加强世界遗产武夷山、福建土楼保护和管理工作的通知》，要求当地政府完善法规制度，编制保护规划；加强日常维护，落实保护措施；加强监测管理，理顺管理体制。

近年来，国家文物局划拨经费用于福建土楼的保护，先后实施了田螺坑土楼群、奎聚楼、怀远楼、和贵楼等一批土楼建筑的维修工程，效果显著。“十二五”期间，国家文物局还将继续加强专业指导，加大专项经费投入力度，进一步做好世界文化遗产福建土楼的保护管理工作。

关于鼓浪屿申报世界文化遗产，国家文物局将结合2011年开展的中国世界文化遗产预备名单重设工作，积极支持和指导当地政府，组织专业力量编制申报世界文化遗产文本、管理规划，开展相关的文物保护和环境整治工作，为成功申报世界文化遗产做好准备工作。

五、关于福建省博物馆建设

至2009年，福建省通过博物馆年检登记的博物馆共有141个。全省文化文物部门归口管理的98个公共博物馆、纪念馆实现向社会免费开放，其中78个纳入了中央财政补助范围，20个为各地自行免费开放。福建省现有国家一、二、三级博物馆23个。

正在规划实施中的福州市三坊七巷社区博物馆，以整个三坊七巷为依托，通过科学研究、合理规划，有效展示和保护了社区独特的地域文化与民间非物质文化遗产，为中国社区博物馆建设提供了良好范例。

希望福建以博物馆免费开放为契机，以省博物馆为龙头，推进体制机制创新，增强博物馆发展活力。要按照文化体制改革的总体要求，结合博物馆的实际情况，积极探索建立保障免费开放工作的长效机制，健全法人治理结构，完善运行机制，逐步实现现代博物馆制度，使博物馆的职能发挥更加充分、组织更有活力、运行更为高效。

六、关于文物安全与行政执法工作

近年来，福建省文物火灾事故频发，2005年，全国重点文物保护单位泰宁县尚书第世德堂火灾；2006年，刚刚成为全国重点文物保护单位一个月的屏南县百祥桥被烧毁；2008年，全国重点文物保护单位漳浦县赵家堡火灾；2009年，发生福建省文物保护单位浦城县镇安桥、莆田县囊山寺天王殿2起火灾；2010年，发生福建省文物保护单位惠安县刘氏民居火灾；2011年，连续发生福州法海寺、霞浦牙城天后宫、武夷山余庆桥3起火灾，文物损失严重。

武夷山余庆桥火灾事故发生后，福建省文物局和武夷山市政府及文物部门采取了一系列加强文物消防安全的措施，取得了较好成效。希望福建省认真吸取文物建筑火灾事故的教训，进一步加强文物保护单位安全与行政执法工作，强化文物安全监管，大力开展文物行政执法巡查，狠抓制度落实，有针对性的采取安全措施，完善各级文物保护单位消防设施、设备，改善防范条件，严格实施责任追究，预防和杜绝文物火灾事故的发生，确保文化遗产安全。

国家文物局高度重视福建文化遗产工作。“十一五”以来，国家文物局支持福建的各项文物保护经费约有3.3亿元，且逐年大幅增加，2006年为2320万元，2010年达1亿多元。“十二五”期间，国家文物局将进一步加大福建文物保护经费支持力度。

在内蒙古自治区文物安全工作座谈会上的讲话

（2011年9月14日）

一、关于内蒙古明清古建筑群保护情况

为加强对内蒙古自治区文化遗产的保护支持力度，国家文物局组织编制了明清古建筑群保护项目“十二五”专项规划，规划在“十二五”期间，计划投入经费3.8亿元，重点对内蒙古自治区前六批全国重点文物保护单位中的重要明清古建筑群进行全面修缮、保护，通过实施文物本体保护维修、文物安全防护等工程，着力改变文物保存现状，重点解决古建筑的安全问题。通过对内蒙古明清古建筑群的保护工作，全面促进和提升内蒙古自治区的文化遗产保护和管理水平，有效改善文物本体和历史环境风貌保存状况，进而推动当地社会经济文化的发展，改善当地民众生活。

二、关于内蒙古大遗址保护和考古遗址公园建设的有关情况

内蒙古自治区历史悠久，文化遗产资源丰富，在中华文明多元一体发展历程中占有重要地位。内蒙古大遗址分布范围广、面积大，具有重要的历史、艺术和科学价值，是我国文化遗产的优秀代表。内蒙古长城、辽上京遗址、元上都遗址、辽陵及奉陵邑、居延遗址、秦直道（陕西、内蒙古、甘肃三省、自治区）等5处被列入“十一五”全国100处大遗址保护项目。

国家文物局非常重视内蒙古大遗址保护和考古遗址公园建设，“十一五”期间投入大遗址保护专项经费6000余万元，用于规划编制、考古、本体保护、抢险加固、展示利用等方面工作。内蒙古自治区及各盟市旗县政府也不断加大投入，制定颁布了多个针对大遗址保护的地方性法规，基本落实了大遗址保护行政管理三级管理体制，使自治区大遗址保护工作逐步进入法制化轨道。目前，辽上京遗址相关考古发掘、防洪坝抢险加固工程进展顺利，不仅有效改善了遗址本体的保护状况，也使城墙附近民居免受水患侵扰，得到了当地民众的拥护和支持。此外，二道井子遗址、大窑遗址、居延遗址、敖伦苏木古城等考古发掘、本体保护等各项工作有序开展，大遗址保护和考古遗址公园建设取得了阶段性成果。

“十二五”期间，国家文物局将和内蒙古自治区政府一起，积极推进大遗址保护和考古遗址公园建设工作，以辽上京考古遗址公园建设为重点，加大投入和支持力度，抓紧编制考古遗址公园规划，统筹考虑辽上京遗址的本体保护、环境整治、展示利用和考古研究等方面工作。同时，结合国家西部大开发和赤峰地区经济发展需要，将辽上京考古遗址公园建设与地方产业结构调整、民生改善、环境整治相结合，充分发挥大遗址保护和考古遗址公园建设的社会效益、经济效益和生态效益，通过辽上京考古遗址公园建设，带动内蒙古自治区考古和文化遗产保护事业的全面发展。

在国家文物局的统筹协调和大力支持下，元上都遗址申报世界文化遗产文本准备、元上都遗址重要遗址点保护展示及安防系统工程建设、国际专家现场考察接待等工作均取得重要进展，保障了元上都遗址申报世界文化遗产工作的顺利进行。根据申报世界文化遗产工作程序，下一阶段将进入国际古迹遗址理事会内部审议环节。

国家文物局将继续加强与联合国教科文组织世界遗产中心、国际古迹遗址理事会及有关国际专家的沟通与协调，及时了解和掌握相关国际组织和专家对元上都遗址项目的意见，组织有关专家和文化遗产地有关各级政府、有关部门对相关问题进行积极应对，以加深相关国际组织和专家对元上都遗址突出普遍价值的理解和认识，并积极做好2012年世界遗产委员会会议的前期准备工作，确保元上都遗址申报世界文化遗产工作顺利进行。为此，内蒙古自治区有关各级政府和部门应积极、主动地配合国家文物局工作，根据国家文物局和有关专家的意见和要求，及时制定应对措施和提供相关材料，为国家文物局准备应对方案和答复口径提供支持。同时，内蒙古自治区有关各级政府和部门应继续加强元上都遗址保护管理工作，进一步完善遗址保护展示和安全防范系统，确保不出现任何安全责任事故，确保申报世界文化遗产准备工作万无一失。

内蒙古元上都遗址考察

三、关于各时代长城资源保护工作

内蒙古自治区各时代长城长度长、类型多、范围广，长城资源极为丰富。此外，各时代长城遗址多分布于偏远地区，遗址识别性差，保存现状不甚理想，保护管理难度较大。近年来，国家文物局高度重视和大力支持内蒙古自治区各时代长城资源调查、长城遗址保护管理等工作，资源调查及保护经费投入居长城沿线各省区市之首。与此同时，长城保护工作也得到了内蒙古自治区各级政府的重视和支持。2010年，在内蒙古自治区政府和自治区领导的直接支持下，内蒙古自治区动员全区专业力量，开展攻坚战，全面完成了秦汉及早期时代长城资源调查工作，为确保全国长城资源调查工作的顺利完成做出了突出贡献。

“十二五”期间，长城保护工程将进入全面实施的关键阶段，希望内蒙古自治区各级政府继续关心和支持长城保护工作。一方面，应尽快将长城资源调查的成果转化为保护成果，完成省级长城资源调查报告编制和省级长城保护总体规划编制工作，为科学开展长城保护、修缮和展示利用等工作奠定坚实基础。另一方面，尽快组织专业力量加强“四有”等长城保护基础工作，完善保护管理机构和法律法规体系，确保各时代长城保护工作有标志可查、有法律可依、有机构可管、有程序可循，尤其应加大对涉及长城的各类基础设施建设工程的管理，确保长城遗址本体安全，不再出现违法建设破坏长城遗址本体的事件。此外，应加强长城保护工程项目储备和工程管理工作。对于国家已经投入进行保护经费的项目，应尽快组织具有相应资质的施工单位，依据设计方案和国家文物局的批复意见，尽快开工建设，确保工程质量和专项经费的使用效率。同时，应根据长城资源调查的成果，按照轻重缓急的原则，对于存在险情的长城重要段落或节点，尽快编制保护方案，并及时上报国家文物局审批，确保在“十二五”期间全面消除各时代长城险情。

在安徽省文物安全工作座谈会上的讲话

（2011年9月28日·安徽合肥）

感谢省委、省政府两位主要领导，在百忙之中听取关于文物保护的情况和我们的意见。

一、大遗址保护情况

安徽是中国史前文明的重要发祥地之一，历史悠久，文化遗产资源丰富。“十一五”期间，安徽省大遗址保护工作有序推进，取得了显著成果。尉迟寺遗址和凌家滩遗址被列入全国100处大遗址保护项目，国家投入大量经费用于两处大遗址的考古发掘、规划编制、保护展示等。安徽省政府也积极指导地方采取多种措施，有效推进大遗址保护相关工作。蒙城县成立了尉迟寺遗址管理委员会，采用签署工作责任书或分片包干的形式，切实加强遗址管理和保护；含山县成立了凌家滩遗址保护领导小组，结合新农村建设对遗址范围内200多户农民进行整体搬迁，并开展相关基础设施建设，为凌家滩遗址保护工作创造了有利条件。但是，由于基础工作薄弱，地方积极性不高，相关方案编制滞后，很大程度上限制了大遗址保护工作的开展。

“十二五”期间，国家文物局将与安徽省政府通力合作，以尉迟寺遗址、凌家滩遗址、六安王陵、寿春城、明中都等大遗址为重点，不断加大经费和人员投入，并给予适当的政策倾斜，切实做好遗址考古、保护规划编制、本体保护、环境整治等方面工作。同时，积极支持地方结合城市经济发展和新农村建设，将具有一定展示和利用条件的大遗址建设成为考古遗址公园，进一步促进大遗址保护工作融入城乡发展、惠及当地民众。希望安徽省进一步加大支持力度，加强指导，尽快组织专业单位编制大遗址保护规划和保护展示方案，做好项目储备，科学、有序地推动相关工作。此外，尽快研究制定大遗址保护的地方性专项法规和管理办法，积极探索大遗址保护、展示和利用的多种模式，全面提高安徽省大遗址保护和展示水平，实现经济社会和谐发展。

二、古民居保护情况

近年来，国家文物局对于具有徽州特色的古民居，投入大量资金开展了一系列重要文物保护工程。例如，自1996年起陆续投入资金1000多万元开展了潜口民宅维修保护、消防等工程，投入550多万元用于西递宏村的保护工作。同时，在技术力量、专家指导等方面给予积极支持，使安徽省的重要古民居得到妥善、有效的抢救和保护。此外，还支持地方实施了一些重要民居的周边环境整治工程，使一批古民居村落及其周边环境得到有效保护和整治，文物保护环境得到明显改善。

“十二五”期间，国家文物局将继续对安徽省重要古民居进行重点支持，根据已经编制的《“十二五”古民居村落专项保护规划》，帮助开展实施一批本体维修、安全消防设施、附属文物保护等工程，推进相关文物保护单位保护规划、方案编制和审批工作，重点加强文物保护单位基础设施改造和周边环境整治，促进地方经济社会发展，改善当地民众生活，进一步推动安徽地区古民居村落类遗产保护工作迈上新台阶。

三、大运河遗产保护和申报世界文化遗产工作

目前，已经形成了《大运河申报世界文化遗产预备名单（修订稿）》。安徽省柳孜运河码头遗址作为立即列入项目，进入大运河申报世界文化遗产预备名单。大运河是国务院确定的我国 2014 年申报世界文化遗产项目。根据申报世界文化遗产工作进度安排，2012 年 9 月之前要完成大运河申报世界文化遗产文本预审稿的编制工作，在 2013 年 6 月之前要完成大运河全线遗产点和河段本体保护及环境整治工作，时间异常紧迫，任务极为繁重。作为系列遗产申报项目，大运河沿线任何一个遗产点保护和申报世界文化遗产工作进展情况，都直接关系到大运河整体申报世界文化遗产工作的全局。

近期，国家文物局将会同有关部委，组织专业人员，结合大运河申报世界文化遗产文本编制工作，对各地大运河保护和申报世界文化遗产工作进行实地检查，并在明年 6 月前根据各地申报世界文化遗产工作进展情况综合考量，最终确定大运河申报世界文化遗产的范围。希望安徽省继续对大运河保护和申报世界文化遗产工作予以大力支持，组织专业力量尽快开展安徽省大运河遗产保护规划编制、柳孜运河码头遗址本体保护及环境整治方案编制等工作，并配合会商小组确定的专业机构，协调各有关部门提供大运河申报世界文化遗产文本所需的各项基础资料，为确保大运河申报世界文化遗产文本编制工作顺利开展提供有力支撑。

四、博物馆事业发展

截至2010年年底，安徽省共登记注册博物馆122个，比2009年增加23个，其中国家一级博物馆1个、国家二级博物馆4个、国家三级博物馆17个。全省共有60个公共博物馆、纪念馆已经核准公布向社会免费开放，另有18个博物馆、纪念馆列入第三批免费开放名单，即将向社会公布。2011年，国家补助安徽省78个博物馆、纪念馆免费开放专项资金8467万元，补助宿州市博物馆等7个博物馆、纪念馆陈列展览提升经费1250万元。国家文物局命名安徽省屯溪老街社区博物馆为全国首批生态（社区）博物馆示范点，并拨付专项经费300万元。

安徽省博物馆是中华人民共和国最早建立的综合性博物馆之一，也是毛泽东主席唯一公开视察并对博物馆事业做出过重要指示的博物馆。今天，安徽省博物馆不断发展壮大。2007年，“徽州古建筑陈列”荣获第七届全国博物馆十大陈列展览精品奖。2008年，安徽省博物馆被列为首批国家一级博物馆。2011年，国家文物局大力支持安徽省博物馆新馆建设，将原由中国文物信息咨询中心代为保管的一批文房用品、木雕、牙雕和金银器类文物调拨给安徽省博物馆。国家文物局支持安徽省博物馆以新馆开放为契机，加快发展步伐，早日建成国内一流博物馆，并带动全省博物馆体制机制创新。

五、文物安全与行政执法工作

近年来，安徽省重视文物安全与文物行政执法工作，取得了突出成绩。宣城广教寺遗址上的违法建设全部被拆除，泗县释迦寺被拆问题得到妥善处理，显示出近两年安徽省对于文物行政执法工作的支持和重视。希望安徽省继续加大对文物安全与行政执法工作的支持力度。一是建立健全文物安全监管与行政执法机构。充实人员，加大对文物安全与执法的基础投入，提高文物安全防范条件，提高文物博物馆单位人防、物防、技防能力。建立文物行政执法与安全巡查制度，及时预防和依法处置各类行政执法与安全案件。二是深入开展打击文物犯罪专项行动。2011 年，公安部和国家文物局将在全国 16 个省份部署打击文物犯罪专项行动，安徽省被列入重点省份，希望在新一轮的打击文物犯罪专项行动中再创佳绩。三是强化博物馆安全工作。近期以来，全国博物馆被盗案件频发，希望安徽省按照公安部和国家文物局通知要求，积极开展全省博物馆安全检查和安全隐患专项治理，确保博物馆文物藏品的安全。

安徽查处广教寺遗址违法建设案件

六、安徽省文物局机构设置及编制情况

安徽省拥有全国重点文物保护单位56处，省级文物保护单位455处，市县级文物保护单位2000多处，世界文化遗产2处；国家历史文化名城5座，中国历史文化名镇、名村17个。在第三次全国文物普查中，安徽省初步登记不可移动文物26000多处，是名副其实的文化遗产大省。但是，安徽省文物局为正处级建制文物局，内设办公室、文物保护处、博物馆处三个机构，目前仅有工作人员18人，其中行政编制11人，2名带编人员，长期编外聘用人员5人。这一机构设施和人员职数与安徽省作为文化遗产大省和文化遗产保护工作的繁重任务需求很不相称。希望安徽省加强文物行政机构和队伍建设，确保安徽省文物博物馆事业健康有序发展。

在河北省文物安全工作座谈会上的讲话

（2011年12月27日·河北石家庄）

今天，省委、省政府两位主要领导能够在百忙之中一起与我们座谈，非常感谢！借此机会，我想就当前河北省文物保护工作情况，谈一些意见和建议。

一、关于重点文物保护工作

河北省是全国文化遗产大省，文化遗产资源极为丰富。在第三次全国文物普查中，河北省登记各类不可移动文物33943处，其中新发现20200多处。目前，河北省拥有全国重点文物保护单位168处，省级文物保护单位760多处，世界文化遗产3处，国家历史文化名城4座。国家文物局高度重视河北省文化遗产工作。“十一五”期间，国家财政支持河北省文化遗产保护和博物馆建设的转移支付资金超过7亿元。其中，对河北省的193个文物保护单位的保护维修项目投入资金达17254万元，保护了一大批重要文化遗产。例如自2009年起，国家文物局先后投入4000多万元用于鸡鸣驿城的维修保护工作。同时，响堂山石窟、临城普利寺塔、定州贡院、涿州云居寺塔、武安舍利塔、冉庄地道战遗址等一批重点文物保护维修工程竣工。“十二五”期间，国家文物局将继续加大对河北省文物事业的支持力度，仅2011年经费投入就达4.2814亿元。下一阶段，国家文物局还将继续帮助、指导河北省推进相关文物保护单位保护规划、维修方案的编制和审批工作，重点加强全国重点文物保护单位的文物本体保护和基础设施改造、周边环境整治工作，有效改善文物本体和历史环境风貌保存状况。

二、大遗址保护工作

国家文物局高度关注河北省大遗址保护工作。“十一五”期间，赵邯郸古城、定窑遗址、邺城遗址、燕下都遗址、泥河湾遗址群、磁县北朝墓群被列入全国100处大遗址保护项目。国家财政累计投入近3亿元，用于开展河北省大遗址保护规划编制、前期考古工作、文物本体保护、长城资源调查等方面工作。“十二五”期间，国家文物局将进一步加大对河北省大遗址保护工作的投入和支持力度，积极推进赵邯郸古城、定窑遗址、邺城遗址、燕下都遗址、泥河湾遗址群、磁县北朝墓群遗址、元中都遗址、中山古城遗址等重要大遗址保护工作，加强大遗址的展示和利用，让广大民众分享大遗址保护成果。

三、世界文化遗产保护工作

2010年，承德避暑山庄及周围寺庙文化遗产保护工程正式启动，总投资达6亿元，这是迄今为止我国单项资金投入最大的国家重大文化遗产保护工程。国家文物局高度重视承德避暑山庄及周围寺庙文化遗产保护工程，将推进该项工程作为国家文物局近年的重点工作。积极与有关方面沟通，成立由国家文物局、国家发展改革委、财政部等6个部委以及河北省政府、承德市政府等代表组成的承德保护工程领导小组。督促指导河北省文物局编制了相关承德保护工程管理办法，全面规范了工程的组织、管理。加大对承德保护工程的检查指导力度，选派熟悉工程管理和文化遗产保护的国家文物局专业人员到承德市文物局挂职，直接协助保护管理工作。经过一年多的工作，在河北省文物局、承德市有关方面的共同努力下，承德避暑山庄及周围寺庙文化遗产保护工程取得了可喜的进展，但是同时还需要进一步理顺工作机制，增强程序意识，严格履行文物保护工程审批、管理的有关程序，坚持把质量作为头等大事，确保工程质量达到修缮后20年内不再出现重大险情的要求，要尊重文物保护工程的科学规律，合理安排工期和工程进度。

山海关关城及东罗城6000米古城墙保护维修工程是国家首批实施的长城保护工程，总投资近3亿元，成为长城保护的典范工程。目前，国家文物局正在组织开展我国各时代长城资源认定工作。希望河北省政府按照《长城保护条例》的有关规定，尽快将国家文物局认定的河北省各时代长城资源公布为省级文物保护单位，完善长城“四有”工作，加快长城重要节点、段落的本体保护、环境整治等工作。

河北省的南运河段主线、连镇谢家坝、华家口夯土险工、捷地分洪设施等点段已被列为《大运河申报世界文化遗产预备名单》立即列入项目。希望河北省借大运河申报世界文化遗产之机，指导沿线市县政府和有关部门，尽快颁布实施大运河河北段遗产保护规划，开展大运河重要节点、段落的文物本体保护及环境整治工作，提高大运河水质、改善运河沿线景观风貌和广大民众的生活条件，为大运河保护和申报世界文化遗产工作奠定坚实基础。

四、博物馆事业发展

目前，河北省通过年检的博物馆达87个。其中，河北省博物馆、西柏坡纪念馆被评为国家一级博物馆，河北省科学技术馆、河北省民俗博物馆等12个博物馆为国家二级博物馆，石家庄市博物馆、定州市博物馆等12个博物馆为国家三级博物馆。投资6亿多元的河北省博物馆扩建项目主体已经完工，建筑面积达到5万多平方米。霸州市博物馆等一批市县博物馆建成开放。自2008年博物馆免费开放以来，河北省先后分三批共有54座博物馆、纪念馆纳入国家免费开放政策范围。下一步，国家文物局将支持河北省政府将河北省博物馆的改革和发展列为全省重点文化建设工程，以河北省博物馆新馆建设为契机，全面提升藏品保护、陈列展示、科学研究、教育服务和人才培养水平，争取使其早日跻身国内一流博物馆行列，并充分发挥作为区域核心骨干博物馆的辐射引领和示范作用，带动河北省博物馆事业的全面发展。支持河北省立足地区特色，提升中小博物馆专业水平，重点实施沧州市博物馆等地市博物馆新建、改扩建项目。支持河北省加强馆藏文物登记、保护和管理，做好国有可移动文物普查的准备工作。

五、文物行政执法与安全工作

多年来，河北省政府和文物、公安等部门对文物行政执法与安全工作高度重视：一是构建文物安全长效机制，省政府批准建立了文物安全工作厅际联席会议制度；二是省公安和文物部门共同建立联合打击文物犯罪工作机制，2010年度打击文物犯罪专项行动取得了重要成果，2011年打击文物犯罪成效显著，一些大案要案相继告破；三是省文物和公安消防部门连续多年开展文物单位消防安全联合大检查，文物火灾隐患排查整治工作取得了明显成效。希望河北省政府继续一如既往地重视文物执法与安全工作：一是继续支持文物行政执法机构和队伍建设；二是落实文物安全主体责任；三是深入开展打击文物犯罪专项行动。

关于加强文物行政执法机构和装备建设的提案[1]

（2012 年 3 月）

文物安全是文物工作的生命线。当前我国正处在经济建设和城市化进程迅猛发展的时期，这一时期是文化遗产保护任务最为繁重、最为紧迫的阶段，文化遗产及其生存环境受到严重威胁。法人违法破坏文物现象屡禁不止，不少历史文化名城（街区、村镇）、古建筑、古遗址及风景名胜区整体风貌遭到破坏；文物非法交易，盗窃和盗掘古遗址、古墓葬以及走私文物等违法犯罪活动在一些地区还没有得到有效遏制，大量珍贵文物流失境外；文物火灾事故时有发生，各类自然灾害导致文物损失严重，文物安全形势非常严峻。究其原因，主要有六个方面。

（1）对文化遗产重要价值和作用认识不足，不能正确处理文物保护与经济建设、社会发展的关系。工业化和城市化带来了各地新区开发和旧城改造的热潮，一些地方不能正确认识文化遗产对传承城市文化、维护城市景观、提升城市品位、繁荣城市经济的重要作用，被长官意志、政绩观念、局部利益左右，缺乏对历史负责、对人民负责、对子孙后代负责的态度，表现出目光短浅和急功近利，

[1] 此文为在全国政协十一届五次会议上的提案，联名提案人：龙瑞　杜滋龄　郭瓦加毛吉　姜昆　董良翚　夏燕月　侯露　王川平　张柏　詹祥生　范迪安　濮存昕　赵汝蘅　吴为山　席强　滕矢初　冯小宁　张平　陈醉　阿拉泰　张廷皓　宋春丽　陈立德　耿其昌　徐翔　张国勇　张会军　张艺谋　胡振民　刘秀荣　崔建华　刘宇一　徐庆平　杨春霞　阎维文　韩美林　覃志刚　雷元亮　金铁霖　宋雨桂。

大肆破坏历史文化风貌、损毁文物建筑、破坏文物原生环境。

（2）非法文物经营活动获利高、风险低，犯罪分子在高额利润刺激下不惜铤而走险。盗掘、盗抢、走私文物等犯罪活动猖獗，其根本原因是有利可图、有机可乘。随着我国“收藏热”不断升温，不少地方的古玩旧货市场活跃，但是监管相对滞后，存在非法经营文物，甚至超范围经营盗掘出土文物的现象，个别店铺成为犯罪分子的销赃场所。同时，地下文物交易频繁发生、大量存在，甚至形成了盗掘、非法经营、走私的“一条龙”模式。

（3）文物安全基础工作尚显薄弱，文物单位安全防范条件未得到根本改善。文物部门力量薄弱，对于大量未被核定为文物保护单位的不可移动文物，特别是古墓葬、石刻等田野文物尚难实现有效监管；文物单位安防设施短缺，文物藏品保管条件较为落后，文物安全隐患未从根本上得到治理；各级文物行政部门普遍存在执法机构不健全的问题。

（4）文物安全长效机制尚未形成，预防和打击文物违法犯罪尚显乏力。多年来，多部门联合打击文物违法犯罪活动，综合治理文物安全隐患，取得了显著成效。但是在各个地区、各个领域、各个环节实施全方位、长期的联合打击文物违法犯罪活动的长效机制尚未建立起来。一些地方在打击文物违法犯罪和治理文物安全隐患工作上不协调、不配合、不全面、不彻底，时紧时松，时严时宽，不能从根本上杜绝文物违法犯罪活动和根治文物安全隐患，导致文物犯罪案件和安全事故防不胜防、打而不死，且呈上升趋势。

（5）文物保护监管机制不健全。在国家文物局的积极推动下，各地省级文物行政执法机构建设取得明显成绩，但是与繁重的工作任务相比仍是杯水车薪，使得在经济建设过程中的文物保护监管力不从心，即使一些文物违法案件得到了处理，但是文物遭受破坏后难以挽救，损失不可估量，亟须将“事后处理”尽快转变为“实时监督”和“事前监督”，以确保国家的有关规定能够得到落实、日常工作能够依法进行，并有效降低发生文物违法行为的概率。

（6）执法装备配备不足，尤其是执法巡查装备和经费保障不足，使得田野文物的执法巡查工作面临较大困难。执法巡查工作是切实保障文物安全，实现“实时监督”和“事前监督”的重要手段。国家文物局已下发了《文物保护单位执法巡查办法》，明确了执法巡查的内容、方式和工作流程，需要地方各级政府的积极配合加以落实。为此有如下建议。一是加强文物行政执法机构建设。在中央政府不断加强文物保护监督力度的同时，仍要积极加强和完善地方各级文物行政执法机构建设，充实人员，切实履行法律职责。建议中央机构编制部门牵头研究加强和完善地方各级文物行政执法机构建设的具体操作方式，积极推动地方各级政府在其下属的文物行政部门设立专司文物行政执法与安全监管的处科股，特别是文物资源集中、丰富的地区。二是加强文物行政执法装备建设。不可移动文物点量多分散、分布范围广，有效行使对不可移动文物的管理权限，需要切实保障文物行政执法装备水平。建议财政部门切实保障文物行政执法的装备建设，切实保障文物行政执法巡查工作有效开展。

关于提升故宫安全防范水平的提案①

（2012年3月）

故宫博物院的文化身份极为特殊。一方面，故宫是世界上规模最大的砖木结构古代宫殿建筑群，是北京这座世界文化古都的重要组成部分，是国家历史文化名城的核心内容。在保护级别上，故宫是国务院公布的首批全国重点文物保护单位，也是我国第一批进入《世界遗产名录》的世界文化遗产。另一方面，故宫是世界上文物藏品和文化资源最丰富的博物馆，是当今世界上观众来访量最多的博物馆。

目前，故宫博物院的安全防范设施，大部分建成于20世纪70年代至90年代。正在运行的安全防范系统于1992年开始施工，至1998年初正式投入使用，已经远远落后于时代发展，与故宫博物院应该具备的安全防范需求和应该拥有的安全防范能力极不相称。故宫安全防范系统改造工程于2009年11月正式开工，预期在2014年竣工。此次安全防范改造项目实施完成后，将在一定程度上改变现有设备的落后状况。但是，由于安全防范改造项目的研发、论证、设计、施工过程较长，即使改造项目全部完成，仍然还有不少死角、

① 此文为在全国政协十一届五次会议上的提案，联名提案人：董良翚　夏燕月　杨力舟　耿其昌　徐翔　张健　张海　赵维绥　陈力　赵秀云　陈祖芬　秦百兰　李素华　陈醉　张国勇　田青　姜昆　张会军　张平　何水法　胡振民　雷元亮　冯小宁　张廷皓　王川平　詹祥生　张柏　冯远　宋雨桂　范迪安　盛小云。

盲区，而且存在应用技术在短期内再度落后的可能。

今天，故宫博物院面临着安全防范设施落后、藏品保管环境亟待改善、基础设施现状有待提升、文化遗产保护投入不足等一些亟须解决的问题。从故宫博物院可持续发展角度出发，这些问题的解决刻不容缓。故宫博物院的安全防范设施主要是：包括高压供水管网系统在内的防火设施，包括闭路监视系统在内的防盗设施，以保护古代建筑为主的防雷设施，以保护珍贵文物为主的防震设施，以保障观众安全为目标的防护设施，以保障各项工作正常运转的市政基础设施等。

此次安全防范改造项目实施完成后，虽然能够使故宫的安全防范水平实现明显提高，但是还存在不少安全防范功能的缺项。同时，随着科学技术的发展，尤其是安全形势的变化，由于受技术发展水平的制约，改造项目实施完成后仍然难以完全满足故宫文化遗产保护的各项要求和安全防范形势的需要。今天安全防范水平的提升需要永不停滞地开展，及时保持理念和技术手段的更新。

故宫既是世界文化遗产，又是世界著名的博物馆，这些文化身份集于一身，就要求必须通过不懈努力，保护好世界文化遗产，建设好世界一流博物馆，使之成为代表我国文化形象，令世界各国民众尊敬的文化典范。因此，故宫博物院的安全设施和技术手段应该永远是世界上最先进的、最可靠的。近几年来，国家财政拨款也在逐渐增加，但是与故宫保护事业所需的资金相比，仍有较大差距，需要国家财政加大对于故宫博物院安全防范资金的支持力度。为此有如下建议。

（1）中央财政加大对于故宫博物院安全防范设施的资金投入力度，支持故宫博物院制定安全防范设施和技术水平进一步升级完善的方案，努力通过“物联网”等先进技术，提高安全防范的科技含量，实现对文物建筑、文物藏品和观众安全的多种手段、多重保障、全面覆盖。使故宫博物院能够依靠高新科学技术支撑，全面改善安全防范的监测系统和预警系统，保证突发事件应急处理能力的全面提升。

（2）支持故宫博物院针对文物建筑、文物藏品和观众分布特征，对全院地下现有 11 种设施管线（上水含消防、供电、热力、雨水、污水、电话通信、广播、防盗报警、消防报警、高压消防管网、信息网络）所存在的安全隐患进行全面排查，重新核算供应能力，进行综合规划设计，根据故宫保护需要与特点，选用防范严密、性能先进、实用可靠、操作简单、维修方便、故障率低的优质设备和产品，全面提高基础设施安全水平。

（3）支持故宫博物院改善文物藏品保护环境与保管条件。故宫博物院的文物藏品类别多、级别高、价值大，有相当数量的珍贵文物藏品对于保管环境有特殊要求。但是由于文物库房使用年代久、文物柜具使用周期长，已经不能适应文物藏品保管需要，更与近年来新建大型博物馆的文物库房相比存在明显差距，需要在实现分区温湿度控制，实现地库内空气置换，实现储藏柜具设施安全，实现防震性能安全可靠等方面全面提升。

关于正确应对故宫博物院观众数量持续增长的提案[①]

（2012年3月）

故宫博物院作为世界上规模最大、文物藏品最丰富、最著名的博物馆之一，2011年接待观众已经突破1400万人次，其中既有各国国家元首和政府首脑，更有来自世界各地和国内不同民族、宗教、文化、行业的人士、学生和儿童，他们共同构成了世界博物馆领域观众数量最庞大、结构最复杂的观众群体。

从历史上进行分析，故宫博物院从1949年的100万观众，增长到2002年的700万观众，经历了50多年时间。而从2002年的700万观众，增长到2011年的1400万观众，仅仅经历了10年时间，也就是说10年之内观众人数整整翻了一番。这一增长速度在国内外博物馆领域绝无仅有。去年故宫博物院的观众人数比上一年增长了一成多，预计今年还会保持这样的增长趋势。

必须看到参观故宫的需求是刚性的。全国各地逐渐富裕起来的广大民众开始纷纷走出家门，加入文化旅游大军。人们向往首都北京，到北京旅游往往首选天安门广场和故宫博物院。随着广大民众生活水平的逐渐提高，在今后相当长的时期内，故宫博物院的参观需求

① 此文为在全国政协十一届五次会议上的提案，联名提案人：龙瑞　杜滋龄　郭瓦加毛吉　姜昆　董良翚　夏燕月　侯露　王川平　张柏　詹祥生　范迪安　濮存昕　赵汝蘅　吴为山　席强　滕矢初　冯小宁　张平　陈醉　阿拉泰　张廷皓　宋春丽　陈立德　耿其昌　徐翔　张国勇　张会军　张艺谋　胡振民　刘秀荣　崔建华　刘宇一　徐庆平　杨春霞　阎维文　韩美林　覃志刚　雷元亮　金铁霖　宋雨桂。

还将持续增长。同时，也必须认识到，作为世界文化遗产，故宫博物院观众数量的无限制增加，无论对于文化遗产保护，还是对于保障广大观众的文化权益，都是不明智的，应该通过科学监测，研究行之有效的调控办法。

游客调查是实施故宫开放管理的基础，也是评估博物馆各项服务的重要依据，只有合理的开放策略以及科学的观众管理才能既最大限度地满足广大观众的需求，又能有效地保护文化遗产。只有对游客数量进行持续的监测、统计、分析，详尽地了解掌握游客的各种需求信息，才能够制定出符合实际情况的、具有可操作性的、兼顾游客利益与遗产地安全的游客管理措施。

旅游业的迅猛发展需要进行观众调查与监测。2008 年“十一”黄金周，故宫博物院接待观众达 14.8 万人次，达到了历史最高纪录。因此，故宫博物院面临着保护和利用的双重压力，不但要提高文物保护的水平，同时还要做好对广大观众需求的监测和调查，提高各方面的服务质量。针对观众参观和文物保护，开展故宫游客承载量、分流、限流等方面的研究。

观众调查与监测可以增强对旅游市场的调控能力。故宫的旅游活动具有一年中季节性强、一天中时段性强的特点。这就使得在全年平均来看完全可以承受的游客人数，在某个特定的时间段内，却大大超出了最大承载量和最大接待量。正是要通过游客量监测，找出游客流量变化的规律以及影响它的因素，在监测的基础上制定科学的客流量标准。与旅游管理部门进行合作，逐步实行预约制度，合理限制，配置多条参观路线，疏导分流游客，有效进行游客管理。在高峰时节，防止瞬间客流量及日客流量过大而造成对世界文化遗产的破坏。客流量直接影响世界文化遗产的安全，没有安全就很难保证世界文化遗产的真实性和完整性。

为此建议，国家和北京市旅游部门与故宫博物院共同开展观众调查与监测项目。

（1）进行游客常规调查。即对游客总量、区域游客量、展室游客量、购物餐饮游客量、服务设施使用、残疾游客等的人数、时段量、批量的监测。针对游客信息做出日报表、月报表、年报表，并对各项统计数字进行归纳、分析、总结，找出规律，做出预判，对游客监测量的结果进行分析，做出相应的接待方案。并可以准确、及时地掌握游客的动态信息，为游客管理提供依据。

（2）开展游客专项调查。游客专项调查是了解有关游客的大量综合信息的监测手段。故宫博物院曾在 2007 年 6 月至 2008 年 5 月进行了游客专项调查。调查数据证实了关于故宫观众结构的一些基本判断，揭示了一些值得关注的现象，纠正了一些错误认识。应在此基础上进一步深入开展游客专项调查工作，制定《故宫游客调查规范手册》，详细规定游客调查的内容和步骤，使游客专项调查工作制度化、常态化。通过游客专项调查掌握游客反馈意见及建议，进一步了解游客的需求，作为故宫博物院改善硬件服务设施、全面提升服务质量的依据。

（3）采取科学手段进行适时反应性监测和调控。午门和神武门等处设置闸机验票系统，实时记录进入故宫的游客人数、时段游客量等，在主要开放区域、展馆和服务设施进出门口处设置红外线计数装置和视频识别装置，监测故宫博物院内不同区域和部位的游客数量，以便适时适当控制或疏导局部景区景点游客量，动态监测故宫博物院入院人数的变化情况。

在“故宫安防、消防系统改造工程及控制室改扩建工程”协调会议上的讲话

（2012 年 4 月 17 日）

今天我们和一些参与“故宫安防、消防系统改造工程及控制室改扩建工程”的单位领导一起研究工程进展情况和存在的问题以及解决的方法。目前，故宫博物院安防、消防系统改造工程的实施已进入到关键阶段，工程深化设计已经完成，正在按计划组织施工。大家谈到因为工程实施方案与原设计方案有较大的修改，造成了工程费用的增加。

故宫，既是世界最高级别的文化遗产保护单位，也是世界最重要的博物馆单位，因此故宫博物院的安防工程、消防工程等安全工程，在技术方面应选择世界上最先进的技术，在设备和设施方面应选择世界上最前沿的先进产品。同时，故宫是世界上院落环境和房屋布局最为复杂的博物馆设施，故宫博物院对于安防、消防工程有特殊的要求。因此，故宫博物院的安防工程、消防工程等安全工程，不但应采用世界当今最先进的技术、设备和设施，而且应采用最能满足故宫博物院特殊要求的技术、设备和设施。

由于故宫博物院的特殊情况，无论是安防、消防系统改造工程，还是古建筑修缮工程，都需要进行详细的前期勘察、设计和施工准备工作。根据以往的经验和教训，如果前期工作准备不充分，在后期实施过程中就会不断出现问题。例如在工程投标前的准备阶段，

由于实际踏勘现场不够，深化设计阶段矛盾逐渐暴露。由于工程设计施工周期过长，往往当时先进的技术，在工程还未完成时就已经不够先进。同时，由于工程设计施工周期过长，还会带来一系列其他问题，例如由于工程洽商，造成各方面责任不清；由于修改设计，需要重新履行报批手续；由于工程中途停工，造成人力、物力、财力损失；由于产品更新、材料涨价、人工费增长等原因，造成预算增加，而申请追加经费困难很大。

目前实施的“故宫安防、消防系统改造工程及控制室改扩建工程”是经过专家反复论证，管理部门批准的设计方案，因此应该加强团结协作，继续坚定不移地推进工程项目的实施，争取早日投入使用，发挥出应有的效能。

去年的事件发生后，根据公安部门的要求，对改造后的系统性能进行了评估，对系统的安全性设计进行了完善，重新修订了设计方案，因此带来经费的变更，例如提高前端报警控制器的安全性，增加城墙周界报警及停车场监控设备等内容，对此应该予以认可，但是一定要有依据和界定。不过今后对于故宫博物院的安防、消防系统改造工程，一定要几条腿走路，在一期安防、消防系统改造工程实施过程中，就要启动甚至实施新的一期安防、消防系统改造工程，实现多层覆盖、多重保障，不断提升故宫博物院的安全保障水平。

今天会后建议抓紧召开专家论证会，聘请技术专家就“故宫安防、消防系统改造工程及控制室改扩建工程”扩充设计的项目合理性等方面进行论证，充分听取专家意见，再根据专家会商的意见，确认追加经费理由、事项和数额，并如实向上级主管部门报告。

在“平安故宫”工程彩钢房拆除项目仪式上的讲话

（2012年8月2日）

几天前，刘延东国务委员到故宫博物院视察时，对故宫博物院的安全隐患表示了极大的关注和担忧，也对故宫博物院的安全工作，特别是防火工作提出了明确的要求。今天，我们在这里举行故宫彩钢房拆除项目仪式，一是贯彻落实国务院领导的重要指示，积极落实消防部门整改要求，及时治理故宫彩钢房火灾隐患问题；二是表明故宫博物院未来几年，将下大力气彻底消除院内一切安全隐患，以安全提升带动故宫博物院事业的全面发展。

大家可能已经了解到，老式彩钢房所使用的聚苯材料属易燃物，北京、上海都发生过由此引发的重特大火灾事故，造成人员伤亡，财产损失惨重，留下了极其沉痛的历史教训。因此，院内大量存在的彩钢房隐患问题，应该引起大家的高度警惕，对它的拆除改造工作刻不容缓。虽然这会在一定程度上影响到我们的办公条件和工作，使目前已呈饱和状态的用房状况更趋紧张，但是在这一问题上，需要我们全院上下齐心协力，创造条件，妥善解决，转危为安。

故宫安全重在防火，但又不囿于此。今年以来所开展的针对安全隐患的调研表明，故宫博物院在防盗、防雷、防震、防泄漏、防踩踏等其他方面，都存在相当严重的安全隐患。院内消防系统、安防系统、防震设施、基础管线设施、文物库房条件都亟待改善。当务之急是申请国家重点支持，积极开展“平安故宫”工程，凝聚各方力量，系统规划实施，推动突出问题的及时解决，有效缓解目前存在的“六防”重大安全隐患，目标是到2020年基本实现故宫博物院进入安全稳定的健康状态，为故宫博物院能够持续扎实地推进各项工作的稳步发展注入强大动力。唯有如此，才能无愧于前辈人的呕心沥血和国人的殷切期盼，让故宫宏伟壮阔瑰丽之貌永存。

典守故宫，在于长存敬畏之心；发展事业，在于全院携手共进。完整保护与继承弘扬，既是神圣的责任，也是庄严的承诺，愿与全体故宫同人共勉！

在故宫博物院安防改造工程例会上的讲话

（2013年2月1日）

刚才，保卫处介绍了故宫安防系统改造工程的情况，古建部、宫廷部、古器物部、图书馆、展览部、宣传教育部等部门，分别就开放时间和配合问题、机柜和前端箱安装位置问题、原状陈列展室及库房文物保护问题等提出了不少意见和建议。

目前，故宫安防系统改造工程已经完成了75%，应该说总体进展比较顺利。按照计划，2013年年底前要全部完成安防系统改造工程，2014年年底前要全部完成消防系统改造工程。这是保障故宫文物建筑、文物藏品、观众安全的需要，是消除安全隐患的当务之急，是故宫博物院事业发展的重中之重，也是对社会各界的郑重承诺。但是，故宫安防系统改造工程余下的25%工程量，施工的区域比较复杂，主要集中在文物库房、原状陈列展室。施工计划调整余地有限：一是空间调整的余地有限；二是时间调整的余地有限。例如西六宫为原状陈列展室，室内文物涉及各文物管理部门，展品种类多，珍贵文物数量大，且不少展品摆放多年未曾移动过，文物现状复杂，存在文物保护的复杂问题。

完成任何一项复杂工作，特别是一项系统工程，通气、透明、协调都十分重要。安防系统改造工程是一个系统工程，必然涉及很多具体的问题，各部处之间交叉的领域、交叉的环节较多，涉及不少部处的管理范围和时间安排，需要有缜密的计划和详细的安排。如果安防系统改造工程的前期调查研究、基础工作做得不好，就会导致实施过程中的一系列问题产生。正如刚才王亚民副院长所说，由于前期调研工作的局限，使今天安防系统改造工程存在“夹生”，需要克服很多困难，但是再难也必须要克服，再难也必须要按照计划完成，并且其中主要工程量要在2013年完成，为了保证工程顺利，需要通力合作。

因此，我们需要一个透明的工作计划。各个环节需要更加细致的工作安排，例如机柜和前端箱的安装位置，能够再进行方案的比选优化。对于每一工程环节涉及的工作数量、工作时间、工作区域、工作条件等，均需保卫部门和各业务部门相互沟通。今后几年，包括安防系统改造工程在内的基本建设项目较多，需要吸取以往的经验教训，提倡相互理解，提倡设身处地，提倡换位思考，多一份相互理解，就多一份默契合作，克服一切困难，共同完成任务。

实施安防系统改造工程的目的是为了文物建筑和文物藏品的安全，因此在改造工程中，无论是前端控制机柜安装位置选择，还是线路布置，均不能对文物建筑和文物藏品造成伤害，对于环境的影响也要尽可能地减少，这些是必须要遵守的原则。同时，应尽量减少在现场施工的时间和工作量，能够在场外备料和加工的，就不要在现场进行。这样现场安装时间就会比较节省，影响各方的精力就会较少，确保工作顺利进行。在前端控制机柜安装位置上统一思想，在加快工程进度上统一行动。

在午门内西马道彩钢房、南三所花房拆除仪式上的讲话

（2013 年 6 月 8 日）

今天是我国第八个“文化遗产日”。在这个特殊的日子里，我们在此举行午门内西马道彩钢房、南三所花房拆除仪式。这既反映出故宫博物院清除火灾隐患的坚决和果断，也体现出维护紫禁城历史风貌的决心和信心，更展现出对保护世界文化遗产重任的担当和坚守。因此，今天的仪式也具有特殊的意义。

故宫内原有 59 座彩钢房，多年来因需随建，有用于办公，也作为库房，既坐落在工作区，也分布于开放区，星罗棋布，毗连古建。这些彩钢房虽然暂时缓解了办公用房不足的压力，但其存在的火灾隐患也无时无刻不在威胁着紫禁城的安全。

公安部消防局在今年 5 月 22 日召开视频会议，部署全国集中开展违章彩钢板建筑及人员密集场所门窗设置障碍物专项整治行动，要求凡发现彩钢板建筑存在重大火灾隐患的，责成有关单位或者个人立即拆除；对不及时消除可能威胁公共安全的，要予以查封。因此，故宫博物院内的彩钢房必须拆除。

去年 8 月 2 日，我们率先拆除了位于神武门内西部办公区的一座彩钢房，同时做出拆除故宫博物院内所有彩钢房的承诺。今天要拆的午门内西马道彩钢房处于开放区域，建于 2009 年，用于讲解员学习、备岗、更衣，历次午门展览开幕式前贵宾休息，工作人员集

中业务培训等。因此，拆除之后，不仅安全隐患彻底消除，午门区域历史真实风貌得到体现，而且观众的视觉观感和参观体验会更加美好。这次拆除行动不仅是在履行去年拆除所有彩钢房的承诺，更是积极响应公安部关于整治违章彩钢板建筑的部署。

同样，建于20世纪70年代初的南三所花房，在故宫博物院花卉养育工作中发挥了重大作用。但是，出于保护世界文化遗产真实性和完整性的考虑，我们决定今天一并拆除，并在位于海淀区西玉河的故宫博物院北院区建设新的花房，预计今年10月完工。在那里，原有花卉将获得更先进的养护手段和设施，更宽裕的培植和展示空间，宫廷园艺也将得到广泛传承和深入研究。

着眼于占地112公顷的古建筑群、180余万件藏品和每年1500万观众的安全：一年前，我们提出了实施“平安故宫”工程的建议；十个月前，我们拆除了内部工作区域的第一座彩钢房；二十天前，我们开始实施全面禁烟，建设“无烟紫禁城”；今天，我们拆除开放区域的第一座彩钢房；今后，我们将拆除故宫内每一座彩钢房和临时建筑，彻底消灭火灾隐患，让紫禁城原有历史风貌得到完整和真实地呈现！

以上这些，既展现了建设“平安故宫”所迈出的矫健步伐，也显示出我们对实现“故宫梦”——把壮美的紫禁城完整地交给下一个600年的坚定信心。今后，我们仍将坚持不懈、不遗余力地消除火灾、盗灾、震灾等各种安全隐患，并整治院内外环境，让“故宫梦”梦想成真！

让我们立刻行动起来！

拆除“彩钢房”行动

“平安故宫”的第一年[1]

（2013年11月20日）

即将结束的2013年，是我到故宫博物院工作的第二年。2012年，通过广泛走访，凝聚各方智慧，我们提出了实施“平安故宫”工程的目标。2013年，“平安故宫”工程开始实施。如果说2012年是酝酿梦想的一年，那么今年就该被标记为实现梦想的开端。近600年的紫禁城和近90年的故宫博物院，正在发生新的变化。

今年，“平安故宫”的第一年，七个子项目均有所进展。每个阶段性成果的收获，无疑都为故宫博物院增添了安全。

永葆故宫庄严肃穆的隽永之姿是故宫人的使命。为此我们提出“把壮美的紫禁城完整地交给下一个600年”的目标。今年又有九项古建筑维修工程开工。在修缮古建筑的同时，我们也在加强古建零修岁修工作，注重对古建筑群屋顶、墙体和地面的日常保养和维护。同时，车辆不再穿行于开放区域、紫禁城内全面禁烟、禁带火种进入故宫博物院以及引入社会安保机制、拆除彩钢房等举措的实施，为古代建筑、文物藏品、观众群体构筑起一道又一道安全防线。我相信，经过8年的努力，到2020年，即紫禁城建成600年之时，文化遗产的真实性和完整性将得到更加清晰地呈现，故宫世界文化遗产将更有尊严。

① 光明日报，2013年11月20日，第05版载。

今年，故宫研究院和故宫学院的成立，是故宫博物院在学术研究和人才培养方面的大事，是故宫博物院实现可持续发展的重要举措。它们不仅是专家学者的学术园地，而且是公众文化传播的良好平台，向人们传递文化遗产保护的正确理念。

故宫博物院是世界上迎接观众数量最多的博物馆，去年参观人数达到1530万人次。每当走在开放路线，看见观众们摩肩接踵，我都会思考如何缓解拥堵的问题。今年，我们开始对午门—端门区域的服务设施进行总体提升，对神武门外的警卫工作室、门洞内的存包处也进行了位置调整。看似简单的改变却起到了立竿见影的效果，参观秩序大为改善，排队购票的时间大大缩短，出入更加通畅，游览更加舒适。我看到这些变化，心情也畅快了许多。此外，扩大开放面积、增加展示空间也是缓解人流压力的重要举措。目前，午门雁翅楼展厅、端门城楼数字博物馆、东华门古建筑馆、慈宁宫雕塑馆、寿康宫原状陈列展室等，正在按计划进行筹备。它们将在故宫博物院90周年院庆时亮相，向公众展示从未开放过的神秘空间。

回首一年来的工作，每一项举措的出台都来自反复的调研和论证，每一项举措的实施都凝聚着全体员工的努力和坚持，同时也离不开社会公众的理解和支持。每当想起一线员工在寒来暑往中坚守岗位，不同岗位同人们各司其职、各尽其责……就觉得有无数双手在全力推着故宫博物院前进，心中充满温暖和期待，故宫博物院的明天一定更美好！

守护故宫的幸福①

（2014年1月30日）

每个节假日我都会和一线员工们在一起，春节是中国传统节日，我更是如此。实际上，对于我们故宫人来说，没有什么节假日，越是节假日就越繁忙，越要精神饱满地投入工作。

大年三十除夕夜，我们会进行清场和夜查。闭馆后，我们会对故宫进行拉网式排查，直到一道道的大门都关上，我们才从神武门撤出。到了晚上，我们还会沿着红墙的外围对故宫进行巡逻、夜查。

当朝霞满天的时候，当日落西山的时候，当月亮升起的时候，故宫都有其无言的大美，都有它独特的景致和韵味。对着故宫，我们故宫人有一种静静守护故宫的幸福和要把完整的故宫交给下一代人的质朴理想。

大年初一，依照惯例，我和我们的员工会站在故宫博物院的门口，迎接第一批观众的到来。又是新一年到来了，我们带着美好的祝愿欢迎观众，也希望来年的故宫平平安安。

从2014年开始，故宫实行了周一全天闭馆，但在节假日和暑假期间，故宫还是照常开放。这样，既给故宫休养生息的时间，又能给观众提供便利。例如今年正月初四是周一，但故宫博物院将照常开放。

① 人民日报，2014年1月30日，第19版载。

2014年和接下来的几年，对故宫来说是十分关键的时期，“平安故宫”工程在有序地推进，我们希望到了2015年，在故宫博物院成立90周年之时，能有效缓解目前存在的防火、防盗、防雷、防震、防踩踏等方面的重大安全隐患；到2020年，基本实现故宫博物院进入安全稳定的健康状态，迈进世界一流博物馆行列。

有事没事的时候，我会沿着故宫走上一趟又一趟，每走一趟我就能发现一些还没有解决的问题，一些还不够完善的细节，就会召集大家开会，想对策解决问题。我们在端门广场上增加了可以同时满足1000多位观众休息的椅子，让人们可以在进入故宫博物院之前舒适地“小憩”一下，结束了以往观众在广场上、树坑旁席地而坐的尴尬场面。我们改善了午门广场的环境，让观众可以更高效有序地通过安检，争取15分钟内进入故宫博物院。我们取消了端门朝房两侧不规范的展览，有计划地拆除院内的彩钢房，还故宫以清净和安全。我们改造了故宫的井盖，使它和环境有机融合。我们还实行了故宫三禁——禁烟、禁火、禁车……所有事情都是要从一点一滴做起的，解决了小问题才不会出现大问题。

2020年，故宫迎来600岁生日之时，故宫文物整体保护修缮工程将基本完成，“平安故宫”工程也将告一段落。到那时，故宫的开放面积将达76%，我希望到时的故宫是一个拥有与时俱进的发展理念、人才辈出的发展环境、前沿科技的发展支撑、文化传播的发展平台“四位一体”的博物馆，努力实现“把一个壮美的紫禁城完整地交给下一个600年”。

关于将文物安全纳入地方政府绩效管理的提案[1]

（2014 年 3 月）

严格绩效管理、实施政府绩效考核，是全面深化改革、加快转变政府职能的重大举措，是突出责任落实、确保权责一致的重要手段。自国务院批复建立由监察部牵头的政府绩效管理工作部际联席会议制度以来，积极推进政府绩效管理试点，探索设计指标体系，完善评估方式方法，引导公众有序参与，综合运用考评结果，取得了阶段性成果。各地区各部门紧紧围绕主题主线，细化、实化、量化绩效考评指标，创新考评方式，政府绩效管理实践不断深入。同时，政府绩效管理工作在引导地方政府实现经济社会的全面、协调、可持续发展方面发挥着越来越重要的作用。

文物工作是建设文化强国、增强国家文化软实力的重要内容，始终坚持“属地管理、分级负责”，同时积极推动形成“以政府为主，社会各方力量积极参与”的新格局。这其中，地方政府承担着保护文物的重要职责。《文物保护法》规定“地方各级人民政府负责本行政区域内的文物保护工作”，“各级人民政府应当重视文物保护，正确处理经济建设、社会发展与文物保护的关系，确保文物安全”。因此，在推进文化体制机制创新、进一步深化文化体制改革过程中，应以文物安全实绩的考量作为重要内容，将文物安全纳入地方政府

[1] 此文为在全国政协十二届二次会议上的提案。

绩效管理。

近年来，各级政府普遍增强了文物保护意识，不断加大投入，一大批全国和省级文物保护单位的保护状况和周边环境得到明显改善。但是，近年来新公布的一些全国和省级文物保护单位、大量市县级文物保护单位，特别是经过全国文物普查登记的不可移动文物的安全状况令人担忧且不容乐观。一些地方在土地开发和“旧城改造”中，重项目建设、轻文化遗产保护，公然违反《文物保护法》的有关规定，盲目拆除和破坏了大批不可移动文物；一些地方在工程建设中，不依法履行报批程序，使一些市、县级文物保护单位甚至省级文物保护单位遭到破坏，甚至濒临灭失；一些地方擅自在文物保护单位保护范围或建设控制地带内私搭乱建，致使历史风貌和文化景观遭到破坏；一些地方存在重申报、轻管理，重开发、轻保护的问题，对文化遗产实行超负荷利用和破坏性开发；一些地方将国有文化遗产转让、抵押给企业作为资产经营，擅自改变文物保护单位体制和用途，导致急功近利、竭泽而渔，破坏文化遗产的恶性事件发生；一些地方文物安全责任不落实、措施不到位，致使文物遭受盗窃、盗掘或者文物火灾频发，给国家和民众造成了极大的损失；一些地方领导法制观念和保护意识淡薄，不能正确处理文物保护与经济发展的关系，在经济利益和政绩观念驱使下，甚至出现行政命令大于法律规定、领导意志高于国家意志，而肆意损毁文物的情况；还有一些地方政府在保护文物工作中有法不依、执法不严，致使出现政府法人的文物违法行为，造成破坏历史文化街区、损毁文物建筑、占压考古遗址、破坏文物原生环境的现象屡屡发生。

要进一步强化各级政府的责任意识。依法保护文物是法治社会对各级政府的重要要求，是《文物保护法》赋予地方各级政府光荣而艰巨的责任。因此，各级政府必须依法履行保护文物的职责，坚持文物工作方针，认真贯彻《文物保护法》，将文物保护作为政府工作考绩的重要内容，从组织上、制度上保证文物保护工作的绩效。“五纳入”是国家保护文物、发展博物馆事业的基本措施，是对各级政府保护文物责任的进一步具体化。要切实将文物保护纳入当地经济和社会发展规划，纳入城乡建设规划，纳入财政预算，纳入体制改革，纳入各级领导责任制，结合本地区实际，采取有效措施，使文物得到及时抢救、有效保护和合理利用。

我国有数以千计的市、县级行政区域，各级政府是文物保护最具体、最重要、最关键的环节，责任重大，任务艰巨。如何遵循科学发展规律，保护好文物资源，往往会决定一个地区、一个城市未来发展的高度、持续力及其发展成果最终的历史地位。因此，面对各类破坏文物的违法行为，各级政府绝不能熟视无睹、漫不经心、麻木不仁，必须增强大局意识、忧患意识、法制意识，必须坚持守土有责、针锋相对，依法行使政府权力，依法纠正违法违规行为，维护法律尊严。同时，采取积极措施，健全文物机构，扩大保护宣传，保证《文物保护法》和“保护为主、抢救第一、合理利用、加强管理”的文物工作方针贯彻落实到实处。

目前，一些文物资源保存丰富的地区已试行将文物安全纳入政府绩效管理内容。山东省济宁市每年由市政府组成考核组，对所辖县（市、区）文物安全责任落实情况逐项检查考核，全面促进了各县（市、区）政府依法履行文物保护职责。河北省邯郸市细化文物安全职责，建立了市、县、乡、村，直至具体文物保护人员层层签订《文物安全责任书》的制度，确保责任到位、措施到人。湖南长沙、陕西渭南等地也在将文物安全纳入政府绩效管理方面做了许多有益的尝试。与此同时，国家文物局在与省级政府签订合作框架协议时，均将“文物安全纳入政府绩效考核”作为重要内容，予以明确和固定。

为此，建议由监察部牵头，研究将文物安全纳入地方政府绩效考评指标体系，明确考核内容、标准和考评机制，对地方政府加强文物安全的投入、保障和具体措施进行跟踪问效，以进一步提高各级政府对文物安全工作的认识和重视程度，全面提升各地文物保护的水平和能力，充分发挥文物工作在经济建设和社会发展中的积极作用。

关于加强古代建筑防火安全的提案[①]

（2014 年 3 月）

安全工作是文化遗产保护的生命线，确保文物安全是各级政府和相关部门的神圣职责。我国文物建筑大多采用以木构架为主的结构方式，火灾荷载大，耐火等级低，防火间距小，其火灾特点总体表现为易发生火灾、易造成蔓延、易造成重大损失和影响。因此，可以说火灾是威胁文物安全的最重要因素，一旦发生火灾，就会对文物建筑造成难以弥补的损害，甚至消失殆尽。特别是随着文化遗产保护范围不断扩大，文物建筑安全所面临的形势更加严峻。

（1）在易发生火灾方面。古建筑主要结构为木质，下部大多以台基相托，上立木柱以支承巨大的屋顶，用大量木材加工制作斗拱、梁、桁、椽、望板等构成的大屋顶，包括天花板、藻井部分架于立柱上部，顶上以灰背、陶瓦、鎏金瓦覆盖，木材使用量大且经过多年的干燥、枯朽，导致质地疏松，易发生火灾，燃烧速度快。例如紫禁城自 1420 年建成至今的 594 年中，共发生火灾近 100 起，是现存的名胜古迹建筑群发生火灾最多的一处，其损失之惨重，令人触目惊心。最近一次火灾为 1987 年 8 月 24 日夜，故宫内景阳宫遭雷击起火，消防官兵及工作人员奋力扑救，有效保护了室内文物和毗邻建筑，但是景阳宫屋顶被全部烧毁。

① 此文为在全国政协十二届二次会议上的提案。

（2）在易造成蔓延方面。古代建筑多为单座建筑构成庭院主殿，四周建有相连接的附属房屋，防火间距小，多为2至3米，如果其中一处起火，会迅速蔓延至其他房屋，致使相邻建筑大面积过火和周边建筑很快出现大面积燃烧，既不利于安全疏散，又容易形成“火烧连营”，且木材燃烧的飞火可导致火灾跳跃蔓延。例如云南香格里拉县独克宗古城有着1300年的建城历史，古城内拥有保存完好的民族民居建筑群，而一场持续10余小时的大火席卷了独克宗古城数百栋房屋，其中当地历史最久远的省级文物保护单位阿布老屋被拆除，一些文化遗产毁于大火之中，令人震惊和痛心。

（3）在易造成重大损失和影响方面。目前，一些古代建筑用于展览各类文物，火灾中往往使珍贵文物展品同时被毁，造成难以挽回的重大损失，甚至造成严重的社会影响。例如2003年1月19日，世界文化遗产武当山古建筑群的遇真宫主殿在大火中被全部烧毁。此次火灾事故在国内外引起了强烈反响，联合国教科文组织还对我国的世界文化遗产的保护提出了质疑。

当前，古代建筑的消防安全面临着新的挑战，存在诸多薄弱环节和隐患。例如，有的古代建筑的保护范围内存放着易燃易爆物品，搭建有易燃建筑；有的在古代建筑内使用电热器具和煤气、石油液化气等固定用火设施；有的在未被开放为宗教活动场所的古代建筑内烧香、点灯、烧纸；有的未经批准在古代建筑内拍摄影视作品、举办展销会；有的在古代建筑内违反技术规程引入电源或增加电气设备；有的在进行古代建筑修缮施工前，缺少消防安全预案；有的古代建筑未按规定配置消防给水设施；有的古代建筑未安装完善有效的避雷设施等。同时，有的古代建筑没有按规定配置自动消防报警和自动灭火装置及消防器材；有的古代建筑内用电线路年久失修，超负荷运转；有的古代建筑周围缺少消防通道，消防车难以靠近；

有的古代建筑管理、使用单位未按规定实行防火责任制，未根据消防法规的要求配备专职或兼职防火责任人员和组织义务消防队，未定期组织开展防火演练和进行防火宣传教育。

防火工作是文物安全工作重中之重，各级政府和文物部门应把防火工作作为头等大事来抓，认真贯彻《文物保护法》和《消防法》，把防火工作纳入重要议事日程，提高全社会的防火意识，把安全防火工作的重点放在以预防为主上。各文物博物馆单位要健全消防管理机构，加强消防安全管理，完善防火制度，逐级落实防火责任制，切实做到制度到位、措施到位、责任到人。

各文物博物馆单位，尤其是世界文化遗产地和全国重点文物保护单位，要加强用火、用电管理，对电气线路进行检查，对年久失修的电气线路进行改造，防止由于电线老化短路引起火灾事故。要加大消防基础设施建设，健全消防设施。凡是使用古代建筑的部门、单位要健全避雷、消防供水设施。古代建筑维修时，要把消防设施建设列入维修方案之中。要对出租房屋进行清理，凡是承租单位的使用经营性质对古代文物建筑安全有威胁的，要一律退租。其他出租单位在签订出租合同的同时，也要签订安全合同，明确责任。各级文物部门要加强安全防火检查，及时消除火险隐患，做好防火、防盗、防自然灾害预案，定期进行演练，确保文物建筑的安全。

因此，建议结合目前古代建筑消防安全存在的问题，组织开展一次全国性古代建筑消防安全专项检查，深入分析当前古代建筑消防安全存在的主要问题及原因，提高消防安全意识和法制意识，开展古代建筑火灾事故风险评估，建立古代建筑火灾防范的标准体系，集中治理，切实消除各类火灾隐患。其中具有火灾危险性的各级文物保护单位，应是消防安全专项检查的重点，必须实行更加严格的管理和防范措施。

关于抓紧消除两处全国重点文物保护单位火险隐患的提案①

（2014 年 3 月）

今年春节期间，我们到位于北京市东城区的张自忠路 3 号院看望专家，此处为全国重点文物保护单位清陆军部和海军部旧址。但是，目前存在着严重的火险隐患，联想到今年以来发生在云南香格里拉县独克宗古城的火灾所造成的对文化遗产的破坏，感到对此应引起高度关注，彻底解决这一历史遗留问题。

清陆军部和海军部旧址经历过非常坎坷的历史。这一旧址的前身为清代王府。1901 年以后，清政府实行“新政”，拆除原有建筑，兴建了现存的东、西两组西洋形式砖木结构楼群。1912 年袁世凯任中华民国临时大总统时，总统府和国务院就设立于此。1919 年后改为总理府，1921 年成为段祺瑞执政府所在地。1926 年在此发生造成刘和珍等烈士死难的“三一八”惨案。目前，院落占地面积约 6 公顷，分为东、中、西三路，原有历史建筑风格保存完整，总建筑面积约 5.7 万平方米，是现存较好的清末民国时期建筑。鉴于清陆军部和海军部旧址所存在的历史、科学、艺术价值，2006 年被公布为全国重点文物保护单位。

由于历史原因，清陆军部和海军部旧址的产权关系复杂，管理使用单位众多，协调难度很大，很多文物建筑产权与使用权不在同

① 此文为在全国政协十二届二次会议上的提案。

一单位，为安全隐患整改工作增加了难度。目前，清陆军部和海军部旧址内不但有多家机关团体单位使用，还有100余户居民。因文物建筑内涉及机关团体单位和居民较多，人口稠密，私搭乱建严重，环境很差，增加了安全隐患整改工作难度。同时，一些文物建筑未安装相应的消防、避雷设施，电线线路老化，火险隐患严重，迫切需要尽快解决安全隐患问题。

建议北京市和国家文物管理部门，督促清陆军部和海军部旧址的管理使用单位切实落实管理责任，制定相应的整改措施，加强安全巡查工作，严格落实文物安全管理责任制度，及时解决文物建筑存在的安全隐患问题，确保文物建筑和人员安全，避免出现新的私搭乱建等违章现象。同时，努力创造条件，充分展示清陆军部和海军部旧址的历史文化价值，并创造条件作为文化设施对社会公众开放。

类似清陆军部和海军部旧址所存在的安全隐患问题，在其他一些文物保护单位的管理现状中也有所存在。经过调研，我曾于全国政协十一届四次会议（2011年）上提出了《关于抓紧消除全国重点文物保护单位太庙火险隐患的提案》，针对位于天安门地区的太庙文物保护范围内，目前仍然存在大量居民棚户区，对古建筑群的安全构成重大隐患，提出建议：加快太庙保护范围内棚户区搬迁整治工作，将劳动人民文化宫内的职工宿舍整体迁出太庙文物保护范围，以彻底排除安全隐患，同时改善住户的居住条件和生活水平。在太庙文物保护范围内的居民棚户区拆迁整治完成前，产权管理单位要进一步采取有效措施，加强安全防范，做好居民安全宣传教育，严防火灾和其他安全事故发生，确保太庙文物建筑群安全，维护该地区社会稳定。提案承办单位对于提案答复工作十分重视，召开了专题会议进行研究和部署，并制定了搬迁安置工作方案。但是，3年以后，今年春节期间我再次走访该处，发现太庙保护范围内棚户区搬迁整治工作并未真正开展，火险隐患问题依然严重存在，状况堪忧。可见消除文物建筑安全隐患难度很大，需要加强综合治理。

文物消防安全工作是一项长期而艰巨的任务，只有坚持“预防为主、防消结合”的方针，认真做好各项基础工作，提高防范能力，预防和减少火灾事故发生，才能确保国家文化遗产安全。各级文物行政部门对存在重大火灾隐患的文物保护单位要进行执法督促，限期整改。一时整改确有困难的，要及时向当地政府报告，并采取有效应对措施，严防死守，常备不懈，遏制火灾事故的发生。

为此，建议结合《文物保护法》的修订完善，在国家法律层面制定消除文物建筑安全隐患的强制性规定，增加对于文物保护单位管理使用者的制约机制，为文物建筑的安全提供法律依据和可操作性强的工作程序。对于违法破坏或有能力而不及时解决安全问题的单位予以惩罚，在一定期限内不予改正的，执法部门可以进行相应的处罚，或者在一定前提下可以通过法律诉讼等方式执行。

关于研制配备适合故宫古建筑群需求的消防装备的提案[1]

（2014年3月）

故宫作为世界文化遗产，以其世界上现存规模最大、保存最完整的古代木结构宫殿建筑群而著称。故宫的安全关系到国家的形象，保证故宫的绝对安全是国家的重托、民众的期望，也是历史赋予故宫博物院的神圣责任。故宫的古代建筑形式绝大部分为木质结构，防火安全存在着复杂性和严峻性，消防安全压力巨大。

首先，故宫古建筑群不利于消防。紫禁城所辖72万平方米用地范围内，建造了90多个宫院，现存古建筑房屋9371间，建筑面积达16万平方米。北部内廷的建筑布局尤为拥挤，建筑面积与占地面积之比高达50%。例如东西六宫、乾隆花园等处，屋宇林立，飞檐交臂，楼阁沿廊相接，毗连成片。这样的建筑特点对于防止火灾蔓延十分不利。

其次，建筑本体亦存在防火、灭火的不利条件。古建筑均为木质结构，其耐火级别很低。古建筑的艺术特点表现为高翘的飞檐和高深的屋顶，比例达到建筑总高度的大半，其支承结构与外形装饰均使用大量木材，致使古建筑的火灾负荷远远大于普通建筑。而且，木材大都又集中在闷顶之内，架空交错，易于蔓延燃烧，屋顶坚固厚实，又难于从外部破顶向内施救。

① 此文为在全国政协十二届二次会议上的提案。

最后，消防给水系统未覆盖全院。故宫博物院消防给水系统的消防供水源有两路供水：一路来自市政水源，为消防水池水源；另一路来自故宫护城河河道水源。故宫内共有自建消防栓 91 座，市政消防栓 70 座，但是分布不均，存在大面积高压消防管网未能覆盖的区域。

特别是目前故宫的消防装备与实际需要严重不相适应，主要存在以下几个突出问题。

（1）不能迅速赶赴火场的问题。由于故宫建筑密集、道路狭窄以及庭院格式的高墙夹道、重重门隘，造成通行受阻。内廷之内道深巷窄，普遍存在“三高二窄一无”，即台阶高、门槛高、基台爬坡高，过门窄、过道窄，无消防车通道，而目前消防中队主战消防车车宽大于 2.5 米、车高大于 3 米，根本无法进入，不能及时实施灭火行动。

（2）不能有效开展施救的问题。故宫内建筑形体十分高大，殿内到顶棚的净高度一般都在 10 米以上，最高的太和殿净高度达 27 米，灭火时消防水枪的射流难以直达火点，不能有效开展施救行动。由外部施救时缺少远射程的车载炮、拖车炮等重型射水装备。一些高大古建筑群坐落在高 8 米、长和宽 150 余米的台基上，现有云梯车无法靠近古建筑，不能输送消防人员登顶开展灭火行动。

（3）不能保障灭火用水的问题。内廷 22 个重点保护建筑周边 100 米范围的消防栓平均不足 4 个，最少的为西六宫六个院落周边 100 米范围的消防栓仅为 9 个。市政消防栓串接在市政供水系统上，供水能力有限，不敷消防使用。天然水源距离远，故宫内天然水源金水河主要流经故宫西侧和南侧，从中取水输转到东侧和北侧供水距离达 1 千米，且河道水位常年低于消防车吸水水位。

一段时间以来，故宫博物院在公安消防部门的支持下，对故宫消防安全存在的问题，从实行消防网格化管理等环节入手，加强消防安全组织管理体系建设；将全面升级消防基础设施列入“平安故宫”工程，实现消防供水管网、消火栓和防雷设施全覆盖；采取拆除临时搭建的彩钢房、紫禁城内全面禁止吸烟、严格动火审批制度等措施，及时消除日常运行过程中的消防危险源；按照风险管理的要求，采用先进的自动报警系统，对古建筑重点部位实施全天候、全方位的实时监控，从编制防火预案并定期组织演练等环节入手，进行集中整治。从而实现故宫博物院内任何一点发生火灾都能够做到“灭早、灭小、灭初起”。通过整治，人防、物防、技防等各项措施进一步完善，但是现有消防车辆装备与故宫消防保卫现实需要不相适应的现状未能根本解决。

根据以上情况，为了适应当前故宫古建筑群灭火救援需求，做好各项灭火准备工作，突破车辆装备瓶颈，提出以下建议。

（1）配备专门研发定制的消防车辆。结合故宫博物院的门窄、巷窄、坡度高的现实情况，应从四个层面定制专用消防执勤车辆。一是外围供水保障消防车，主要负责外围输送灭火用水，包括大吨位水罐消防车、远距离供水系统，可以将筒子河、金水河的水源输送至1千米外的现场。二是中型压缩空气泡沫消防车，主要负责在通行条件好的地段主战灭火，在不能通行的地段接力输送灭火剂和装备器材。三是小型多功能主战消防车，主要用于进入故宫北部建筑群主战灭火。四是小型巡逻灭火车，平时主要负责消防巡逻控制，战时负责疏散建筑内文物，运送参战人员和灭火器材装备深入现场。另外，针对故宫地下文物库房灭火需求，应研发配备二氧化碳及高倍泡沫排烟消防车。结合建筑外部登顶堵截灭火需要，购置适合故宫道路通行环境的直臂云梯车，带工作斗、强劲水泵和大流量水炮。

（2）配备专用的内攻灭火和破拆器材。针对故宫古建筑殿内到顶棚的净高较大的特点，研发具有灭火救援功能，能够运升消防员至建筑内顶部开展堵截灭火，配有红外探测设备、破拆装置、伸缩水管及遥控水炮，以便查找火源、破拆及灭火，并具有跨越障碍能力的移动升降平台。

故宫博物院第六届消防运动会

关于在故宫博物院成立专业执法队伍的提案[①]

（2014 年 3 月）

故宫地处首都北京文化中心核心区域，是举世闻名的世界文化遗产，也是国家 5A 级旅游景区，故宫博物院是国家对外文化交流的重要窗口，还是当今世界上接待观众人数最多的博物馆。故宫博物院的特殊地位和作用，决定其接待服务和参观环境必须与所拥有的文化地位相符，必须与社会的期待和广大观众的要求相一致，故宫博物院及周边地区的治安环境，应该成为展示中华灿烂文明的“首善之区”，成为首都旅游秩序规范管理的典范，发挥好宣传中华传统文化的窗口作用。

但是，目前故宫博物院的接待服务和参观环境受到诸多因素的制约，尤其是“三个屡禁不止”的问题，严重影响着故宫的治安管理和接待服务水平，长期以来影响广大观众的参观环境和质量，影响故宫博物院的声誉以及首都的旅游形象。一是午门检票口的制售和倒卖假票现象屡禁不止。不法分子利用现代化的作案工具，能在半个小时内制作出与真票难分真伪的故宫门票，并与少数导游勾结，非法销售假门票，欺骗观众，坑害国家，不仅扰乱了故宫博物院的正常参观秩序，也使国家财产蒙受巨大损失。二是非法散发小广告的现象屡禁不止。受到非法一日游市场的利益驱动，每日均有大量

① 此文为在全国政协十二届二次会议上的提案。

非法散发小广告的不法分子活动在故宫博物院内，由于人数众多、背景复杂，单独依靠故宫博物院内的治安保卫力量很难杜绝这一现象，致使非法散发小广告成为了故宫博物院内的一块难以根治的“牛皮癣”。三是非法倒卖小商品的不法游商屡禁不止。特别是旅游旺季，不法游商成群结队，围堵故宫神武门和东华门出口，强行售卖饮料、纪念品以及小食品等，严重影响了故宫周边的参观秩序和游客安全，引起观众极大的反感。其中，不时发生少数民族小商贩集体聚集，并非法销售小商品的现象，甚至引起民族纠纷，成为游客投诉的重点问题，严重影响了故宫博物院的形象和声誉。

以上“三个屡禁不止”虽然有时在集中治理时会得到一定程度的遏制，但是由于治安力量有限，治理力量和力度难以持续，有时也受到工商、城管、公安等职能部门治理管辖范围和职权的限制，一直以来有限的治安力量没有对以上现象形成有效的打击和震慑，难以从根本上解决问题。致使治理“三个屡禁不止”呈现出“打击、反弹，再打击、再反弹”的管理常态，成为了故宫博物院治安管理工作中的老大难问题。

目前，故宫博物院在对游商、票贩、散发小广告人员的管理中，需要协调公安部门，2013 年共清理非法散发小广告人员 14000 余人次，黑导游 2896 人次，无证游商 38 人，没收非法小广告 18 万余张，各类假证件 200 余个。其中，送交驻院派出所处理 670 人，治安拘留 56 人，努力为中外观众营造了和谐有序的参观环境，为“平安故宫”工程做出贡献。但是由于警力有限以及扰乱参观秩序人员的“游击战术”，游商很难彻底杜绝，甚至发生过故宫博物院员工与这些人员对峙的情况。

近日获悉，北京市成立了首支具有处罚权的公园执法队，从

2014 年 1 月起，这支执法队将在颐和园、天坛、北海、景山等市属 11 家公园上岗，每个公园的执法队都配有 10 余名工作人员，共计 119 名，由市政府颁发全市统一的“行政执法证”，执法过程中将统一着装，佩戴标志及配备相应装备，对违反相关公园管理条例的个人实行行政处罚。

据报道，此次北京市成立公园执法队主要是针对游商、票贩、散发小广告等扰乱游园秩序的人员进行处罚，不必等公安人员协助，公园就可直接开具罚单，罚款最低 5 元，最高 500 元。例如，处 5 元以上 50 元以下罚款的行为，包括在建筑物、构筑物、树木上涂写、刻画的；处 20 元以上 50 元以下罚款的行为，包括翻越围墙、栏杆、绿篱，在禁烟区吸烟、随地吐痰、便溺，乱丢果皮（核）、烟头、口香糖等废弃物的；而处 50 元以上 500 元以下罚款的行为，包括在公园内追逐观众强行兜售物品，影响游览秩序的。上述情况在故宫博物院内都时有发生，只是由于没有执法权限而使这些破坏文物、扰乱参观秩序的情况不能得到有效制止。

为此建议：在故宫博物院成立专业执法队伍，采取有效的治理措施，确保故宫博物院及周边环境安全、规范、整洁，为国内外观众创造良好的参观环境和优秀的服务质量。